JEAN ARTIGNAN

LE GUIDE PRATIQUE
DE LA
BARBE

CHOISIR, TAILLER, ENTRETENIR

Original French title: Le guide pratique de la barbe
© 2016 Éditions Eyrolles, Paris, France

Japanese translation rights arranged
with Éditions Eyrolles SAS, Paris
through Tuttle-Mori Agency, Inc., Tokyo

パリジャンが教える

ヒゲの教科書

著：ジャン・アルティニャン

訳：河合隼雄

SOMMAIRE

目次

※本書に掲載されている内容、会社名・人名などの固有名詞、ヒゲなどの名称、商品などの情報は原則として、原書『Le guide pratique de la barbe』（2016年9月刊）に基づいています。

PRÉFACE
まえがき

ヒゲのスタイルをどうやって選べばよいのかと、よく聞かれる。こんな形の顔なんだけど……という説明つきで。だが、それに対してはこう言いたい。ヒゲはそんな簡単な話ではないんだ、と。

私たちの診断は、クライアントがヘアサロンに入ってきたときから始まる。まず、頭のてっぺんから足のつま先まで観察する。ファッション、歩き方、しぐさ。人格を構成するものすべて。質問もする。どんな仕事をしているのか。スポーツは好きなのか。どの種目が好きなのか。あるいは、アーティストなのかどうか。

いくつか質問したあとで、その人のアイデンティティに合ったヒゲを提案する。ヒゲは、全体とうまく調和したうえで、何か特別なものをつけくわえるものでなくてはならない。人によって、ヒゲの生え方、性質、濃さが異なる。それに合わせてカットの仕方を調整し、形を整える必要がある。

もし、ヒゲが十分に生えていなければ、いくつか選択肢を示して、その理由も説明する。「唇の下のヒゲでも、頬ヒゲでも、山羊ヒゲでも、どう生やすかを選べます。オリ

ジナリティが出るし、あなたの人となりを雄弁に表現してくれることでしょう」。クライアントが会計士だったら四角く、やさしくて内気なら丸く、グラフィックデザイナーなら三角にする。要するに、どのような輪郭であっても、その人のアイデンティティに合うようにする。

そして最後にこう伝える。「おわかりだと思いますが、全体のスタイルがどうなっているのかも含めて、ヒゲをどのようにカットし、どんな形にするかは、あなたの個性や、人にどんなイメージを与えたいのかということと切り離せないのです。まっすぐにするのでも、カーブを作るのでも、垂直のラインを強調するのでも、斜めにするのでも、どうカットするにしても同じです」

一部の人にとって、ヒゲは、人の視線を集め、傷や薄毛といったウィークポイントを忘れさせる力を持つ。理容室に通うことで自信を持てるようになった人も知っている。最初は大人しかったが、ヒゲが突破口となって変われた別のクライアントのことも思い出す。その人は、ヒゲという新しいアクセサリーによって、変化を恐れなくなっ

た。そして「自分のルックスを変えていこう」「服や眼鏡もいいものを選びなおそう」という意欲を持つようになったのだ。彼は、他人から自分に向けられる視線が変わるのを感じた。しかし、目立たない性格から変わることができたのは、まず、彼自身が新たに自信を身につけたからという以外に説明のしようがないと、私は思っている。

ヒゲは何でもできる。その形は無限にある。われわれ男性が恵まれているのは、さまざまなスタイルのヒゲを簡単に試せることだ。ヒゲは束の間のものだ。ヒゲの形が気に入らない？ それなら剃って、また伸ばしはじめればいい。大丈夫、大事故にはならない。今や多くの男性がヒゲを生やすようになり、その可能性に気づきはじめた。本書を読めば、もっと器用になれる。口ヒゲなど、凝ったスタイルを試すことによって、さらに先に進むことができる。シェービングは毎朝の苦行と見なされてきた。だが、ヒゲの手入れは、くつろぎの瞬間にも、セルフケアの儀式にもなる。ヒゲのために特別に作られた製品もたくさん現れた。そのおかげで、ヒゲをケアし、好きなように形作ることが可能になった。

まだ自分にいちばん似合うスタイルを探している最中の人も、それを気にせず、ヒゲをカットして手入れをする技術、秘訣、コツを、著者のジャンが入念に準備したこの実用的な教科書のなかから見つけてほしい。ためになるアドバイスもたくさんある。

最後に、私が好きな、ヒゲの道を導いてくれた言葉を紹介しよう。「大いなる真理にまさる嘘はない」——老子の言葉だ。ヒゲに気に入らないところがあっても、それを隠すことはない。受け入れていこうではないか！

Anthony Galifot
アンソニー・ガリフォ
美容師、理容師、教育者、〈Barbe N Blues（バルブ・エヌ・ブルース）〉アンバサダー

QUI EST JEAN ?
ジャン・アルティニャンについて

みんなと同じように、年末年始の休みのあいだは、カミソリを引き出しの奥にしまっていた。そして、休みが明ける何日か前に、書類を取りに職場に行かなければならなくなった。そうしたら、職場で出会った同僚にこう言われたのだ。「ジャン!? わからなかったよ。ヒゲが似合ってるものだから。すごく変わったね。そのままのほうがいい……」

「もちろん、そうするよ！」。今では、ヒゲはすっかり受け入れられるようになった。けれども、クライアントとしょっちゅう接する仕事をしているので、いずれにしても自分のヒゲは隙がないよう整えておかなければいけない。

当時、ヒゲについて書かれたウェブサイトは見当たらなかった。なので、自分が必要としている情報を得られなかった。そこで自分を実験台にしようと決めたのだ。

何度もカットに失敗し、いろいろな道具を試してみた。その結果、さまざまな技術とコツがあることに気づいた。おもしろかったので、ブログで共有したくなった。「BarbeChic（バルブ・シック）」というウェブサイトはこうして生まれたのだ。俳優やスポーツ選手やテレビの司会者たちがヒゲを生やしはじめたのも、同じ時期だ。

この啓蒙的なウェブサイトはアクセス数が急速に伸び、頻繁に閲覧されるようになった。そこで、情報の質を上げようと考え、プロフェッショナルに尋ねることにした。彼らの技術や経験から学ぼうと思ったのだ。ウェブサイトを充実させれば、理容師からの助言を参考に、誰もが家でヒゲを手入れできるようになる。それが究極の目的だった。

理容師という職業は、フランスで飛躍的に地位が高まっている。その流れに乗ったおかげで、新しい世界への扉が開いた。そして、いくつかの理容室の設立に参加しはじめると、すばらしい出会いに恵まれることになっ

た。そこは、平等で、気さくに接し合う間柄を保ち、上機嫌でいることがルールとして定められた世界だった。職人たちは、自分の仕事について、「やらなければいけない労働」などとは決して言わず、心からの情熱をこめて語っていた。彼らのおかげでクラシック・シェービングを発見でき、自分のヒゲの輪郭を整えるべく、祖父のカミソリに再び生命を吹き込むことができた。

オイル、シャンプー、ブラシ……、さまざまな道具を使って、ヒゲのケアを試してみた。そして需要が大きくなってきたころを見計らって、あらゆる種類の特別な製品に出合えるブティック・スペースをオンライン上に開設した。何カ月か経った、ある美しい夏の日の午後にメールを受信した。「こんにちは。ブログを拝見しました。書籍化にご興味はありませんか？」。そう、それが本書刊行のきっかけになったのだ。本書はブログをもとに、完璧なヒゲを持てるよ

うに、そのための段階をひとつずつ描写し、アドバイスしている。本書は、情熱的な理容師たちとの出会いによって育まれた。その一人ひとりのエッセンスが含まれている。

あなたが入門者であろうと初心者であろうと、コツを知りたがっているのであろうと、単に好奇心から本書を手にとったのであろうと、この本はきっとあなたの関心に応えられる。本書を読み終えたら、自分のスタイルを個性的にすることや、ヒゲを手入れすることを超えて、何か新しいことを試してみようという気になっているはずだ。

Jean
ジャン
www.barbechic.fr

ヒゲの教科書

PAROLES D'HOMMES À BARBE ─────────
ヒゲについて、何が言われているのか

この問題に取り組む前に、ヒゲについて何を気にしているのかを知るために、多くの男性の意見を知りたいと思った。春の午後、フランス西部・ナントの中心街の大通りで、理容師のアンソニーと、ヒゲケア用品のブランド〈Barbe N Blues（バルブ・エヌ・ブルース）〉創設者のスワンというふたりのアンバサダーを連れて男性たちに会った。そのとき集めたコメントを抜粋して紹介しよう。

「ヒゲを長くしてから、うまく手入れができないんだ」

「男として、髪やヒゲをどうすればいいのか、わからないんだ。彼女が美容室に行くときは、好きな髪型にしてもらえるよう、うまくオーダーできている。僕も理容室で同じことができるようになりたいよ」

「ヒゲにはおおいに興味があるものの、どこから手をつければいいか、わからないんだ」

「ヒゲを生やしてみたいけど、生え方が変則的なので、どんなスタイルが合うのかわからないし、どうすればきちんとできるか、僕にはわからない」

「ヒゲを生やしているけど、しばらく剃ってないな。あれこれ問題があるんだ。かゆくなってきたし、毛が乾いて逆立ってしまって……」

「ヒゲを生やしたい気はあるけど、白髪が混じってるんだ……」

「口ヒゲを試してみようと思っても、やり方がわからない……」

ヒゲについて、多くの男性が疑問を抱いている。本書では、ヒゲの似合う本物のジェントルマンになれるよう、こうした質問にひとつひとつ答えていきたい。

★★★ 1 ★★★
INTRODUCTION

イントロダクション

LE POIL ET LA BARBE
毛とヒゲ

Aux origines
毛の起源

毛は、私たちの祖先が残してくれた贈り物だ。ほかの哺乳類と同じく、私たちの祖先も体をあたたかく保つために体毛を必要としてきた。

人体の全身に美しく生えている体毛は、数千年の時を経て、肉眼では見えにくいものになった。私たちに生えている 500 万本の毛の大部分は産毛だ。見つけるのが難しい毛もある。たとえば、人体のなかでもっとも毛の密度が高いのはおでこだが、そのことはほとんど知られていない。

毛が目立つところには、ホルモンの影響を受けた太くて色の濃い毛が生えている。人の体には集中的に生えている毛があるが、それぞれ役目があるようだ。髪の毛は頭を寒さから守り、まつ毛と眉毛は目を汗とほこりから守り、耳と鼻の毛は不純物が体内に入るのを防ぐ。体の他の部分に生えている毛も、摩擦熱を防ぎ、汗の蒸発を助ける役割がある。

Et la barbe dans tout ça ?
では、ヒゲの役割は?

私たちの祖先の場合と同じように、ヒゲは、顔を守るための断熱材として働いている。だとしたら、なぜ女性にはなくて、男性だけに生えているのだろうか?

じつは、女性の顔にも男性と同じ量の毛が生えている。しかし、その毛は、細く、透明で、見えない。男性の体では、テストステロンが多量に分泌され、太く強い毛の成長が促進される。

男性は思春期にヒゲが生えはじめ、男性ホルモンによってその成長が加速される。このホルモンは、体のほかの場所にも毛が生えるようにさせ、声変わりも引き起こす。成人になったしるしを残すのだ。

一般的に、15 歳ごろに上唇の上に最初の産毛が生えはじめ、16 歳から 17 歳ごろに頬やあごに毛が生えはじめる。たいていの場合、顔全体を覆う完全なヒゲが生えたといえるようになるには、20 歳か 25 歳になるのを待たなくてはいけない。しかし、生えそろう年齢は人によってまったく異なる。

La structure du poil
毛の構造

肌の下の 4mm ほどに存在する部位は、一般的に、毛根と呼ばれる。その根元に、毛細血管によって構成される毛乳頭がある。表面に見える部分は毛幹と呼ばれる。

毛根は皮脂腺とつながっている。ひとつの毛根がひとつの皮脂腺につながっていることもあれば、複数の皮脂腺につながっていることもある。皮脂腺は皮脂を分泌する。皮脂は乾燥を防ぐために毛と肌にいきわたる。この皮脂の分泌によって皮脂膜が形成される。その基本的な機能は、肌のやわらかさを保ちながら、バクテリアに対する防御壁になることだ。

ヒゲの毛も髪の毛も構造は同じだが、ヒゲのほうが太い。ヒゲは、全身に生えている毛のなかでもっとも密集している。

La pousse du poil
毛が生える過程

毛のライフサイクル（毛周期）は、3つの段階に分けられる。第1段階は、いわば若者時代のようなものであり（成長期）、毛が成長する期間である。毛根の形成によって始まり、体毛なら数カ月、ヒゲなら約1年、髪の毛なら6年続く。毛周期のなかでもっとも長い期間だ。第2段階は、老いであり（退行期）、3週間続く過渡的な状態である。毛は休息に入り、成長が止まって毛根が分解されはじめる。最後の段階は、毛の死である（休止期）。新しい毛の成長によって古い毛が抜ける。この段階がどれくらい続くかは体の部位や個人によって異なり、髪の毛は3カ月、ヒゲは2カ月といわれている。

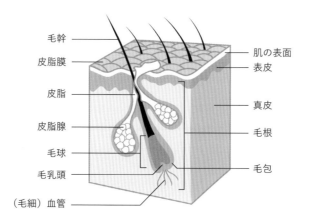

毛幹 ——

皮脂膜 ——

皮脂 ——

皮脂腺 ——

毛球 ——

毛乳頭 ——

（毛細）血管 ——

—— 肌の表面

—— 表皮

—— 真皮

—— 毛根

—— 毛包

La pousse de la barbe
ヒゲが生える過程

ヒゲを構成する毛のライフサイクルはおおむね 15 カ月であり、毛は一本一本異なるステージにいる。約 3 分の 2 が成長期にあり、3 分の 1 が退行期、そして数本が休止期にある。次々に成長することによって、ヒゲはたえず新しくなる。抜け毛が目立たないのも、ヒゲのなかには成長するのが速い毛があるような気がするのも、そのためだ。

ヒゲの毛は、平均して 1 日に 0.4mm 成長するが、個人差がある。ヒゲが伸びる速度には、次に挙げる要素が影響している。

★ **遺伝**：毛の生え方が先祖に似るのは確かなようだ。

★ **ホルモン**：エストロゲン、テストステロン、甲状腺ホルモンが、毛周期の長さと毛の太さに影響する。

★ **代謝**：ビタミン、アミノ酸、ミネラルの不足のせいで、毛が伸びるのが遅くなったり、脱毛したり、色が薄くなったり、毛が細くなったりする。

★ **外的要因**：ストレス、薬物治療、睡眠不足、タバコ。

Idées reçues
固定観念

ヒゲを剃ったあと、ヒゲが伸びるのが速くなり、伸びてくる毛も太くなり、毛深くなる。
これは正しくない。技術的な話になるが、カミソリが肌の上を通るときには、毛の表面しか切断されない。毛球はそのままになる。そのため、生え変わるのではなく、切ったのと同じ毛が成長することになる。

毛が硬くなったと感じるのは、切断面が斜めであることか、短い毛を硬く感じやすいことが原因だろう。だが、伸びてくるとまたやわらかくなる。

速く伸びてほしいときにできることは、ただひとつ。ヒゲに何もしないことだ。一方で、1 カ月たってから少しヒゲを切ると、ヒゲがまた伸びるようになると言う理容師もいる。

化粧品や錠剤によって毛を増やせる。
これも正しくない。「濃いヒゲを生やせるようになる」とうたう商品が売られているかもしれない。しかし実際のところ、そうした製品の効果はとても限定的だ。いちばんましなものとして、ヒゲをやわらかく、強くして、少し速く伸びるようにしてくれる栄養サプリメントがあるかもしれないが、今まで生えていなかった場所に生えさせてくれるものではない。それができていれば、各メーカーは育毛対策商品で大もうけしているはずだ。

毛の成長と分布に影響を与える主な要素は、

遺伝子とホルモンだ。それに対してできることはほとんどない。関係する要素のうち、変えられるのは代謝だけ。代謝を変えるには、できるだけ健康な生活を送る必要がある。よい医者なら誰でも言うような内容だが、以下の点を意識してほしい。

★ ビタミン・アミノ酸・ミネラルを豊富に含む、栄養バランスのよい食生活を実践する。

★ 定期的に運動する。

★ 十分な睡眠時間をとる。

★ ストレスをためないために休憩時間をもうける。

★ タバコとお酒をほどほどにする。

こうしたアドバイスには新鮮味がないと感じるかもしれない。しかし、健康な体だけが、最適化された毛周期を持つ強いヒゲと髪の毛を持つことができるのだ。

毎日のブラッシングは、毛球を刺激することで毛が生えるのを少し促進する効果がある。ただし、やりすぎには気をつけなくてはいけない。1日1回で十分だ。それ以上になると逆効果になり、脱毛を引き起こしてしまう。ビール酵母やキャスターオイルは毛が生える速度を早めるものとして知られている。しかし、いつもヒゲの毛穴にまで届くとは限らない。

あまり毛の生えない部位については、この本のアドバイスに従うよう推奨する。

POURQUOI PORTER UNE BARBE ?
何のためにヒゲを生やす？

Les 5 bonnes raisons
5つの理由

街頭で、なぜヒゲを生やすのか、なぜヒゲが好きなのか、質問してみた。カップルの場合は、できるだけ女性にも答えてもらった。そのなかで代表的な意見を挙げてみよう。

★ **理由1**
「楽だから。毎日剃らなくてよくなるんだ。ヒゲを剃ると肌を傷めてしまう」

★ **理由2**
「年をとって見えるのがいい。少し成熟したような感じがする。ヒゲがなかったら若く見えすぎる気がする」

★ **理由3**
「好きなの！　男らしいし、やわらかくて気持ちいい。彼氏には、3日以上ヒゲを伸ばすように言ってる」

★ **理由4**
「ルックスの問題だね。スタイルを決めるために大事なツールだよ。顔を変えるために、いろんな形にカットしている」

★ **理由5**
「セクシーだし、モテるよ。出会い系サイトに登録してるけれど、ヒゲの顔写真は効果がある気がする」

LE RETOUR DES BARBIERS
理容師の復活

La barbe, un atout pour être en bonne santé ?
ヒゲは健康にいいのか?

そのとおり! そうでなくとも、ヒゲは十分に興味深い。その理由はいくつもある。ヒゲは、風や寒さから身を守る断熱材として機能する。それによって肌は乾燥から守られる。さらに顔の保湿に気をつけさえすれば、年をとっているように見られることもない。

ヒゲは、喘息やアレルギーの症状もやわらげる。また顔の毛、とくに鼻の近くの毛は、花粉やほこりを防ぐフィルターの役割を果たしてくれる。

ヒゲのよい面としては、ヒゲを剃らないでおくことで、あるいは顔の一部分しか剃らないようにすることで、炎症や化膿のリスクを下げられることも挙げられる。敏感な肌だと、埋没毛、発疹、毛根の炎症などが生じてしまうことがある。それを防ぐには「シェービング」の章(P.63)のアドバイスを参照してほしい。

最後に、ヒゲは日焼けから身を守ることにもある程度は役に立つようだ。オーストラリアの研究者によると、ヒゲは日焼けを避けるのに比較的有効だったという。ただ、それによって日焼け止めを塗らなくてよくなるわけではない。

Un peu d'histoire...
歴史を少し……

古代

理容師の最初の痕跡を見つけるには、古代エジプトまでさかのぼる必要がある。当時、ヒゲを生やすのは王と神々のみに許されていた。そのため、顔も頭もすべて剃ってしまうのが一般的だった。聖職者についていえば、神官は自分のけがれなさのしるしとして、完全に毛を剃っていた。

半神半人であるファラオのみが、唯一、ヒゲを生やしていた。丁寧に編まれた薄いヒゲは、ファラオ専属の理容師によって手入れされたつけヒゲだった。

理容師は、旅をしながら仕事をすることが多かった。記録によると、朝から夜まで通りを歩き、家々をまわって男性を剃っていたという。

エジプト人のノウハウは、世紀を越えて伝えられた。カイロの理容師は今でも、彼らならではの技巧を駆使した冷静な仕事ぶりで顔を剃ってくれることで有名だ。

男性向けのサロンは、しばらくあとのギリシャでも見られた。理容師は、ヒゲだけでなく、ウェーブのかかった長い髪の手入れもしていた。当時はそれが流行の髪型だったのだ。ブラッシングとカットをするだけでなく、

ローション、ポマード、ワックスをつけてあげていた。セットし、香りをつけて、ツヤを与えるためだ。

理容師という職業はすぐに盛んになった。理容室は上流階級が集まる場となり、哲学や政治が議論された。

この高貴な仕事がギリシャ人の集団によって西ヨーロッパに持ちこまれるには、ローマ帝国の登場を待たなければならない。ヒゲのないスタイルが再び流行していたローマでは、「トンソー」と呼ばれる人たちがヒゲ剃りに従事していた。石で研がれた曲線状の刃を持つ「ノヴァキュラ」という銅製の道具と、水の入ったボウルを使って仕事をしていたという。

中世から20世紀

この職業に次の変化が訪れたのは、中世に入ってから。13世紀のはじめ、教会は外科手術を禁じ、それを冒涜行為として位置づける命令を出した。当時は聖職者が医師を兼ねていたため、言われたとおりに手術をやめるしかなかった。

刃物を器用に扱うことのできる理容師は、少しずつ、ちょっとした手術や抜歯を始めるようになった。禁止されてはいたが、必要な仕事だったからだ。

外科医たちは職業団体を作り、自分たちと理容師を明確に区別することにした。だが同時に、外科医は理容師を非難するようになった。それに対抗するために、理容師も職業団体を結成し、シャルル5世から特許状を受けた。この特許状は、理容師の公的な地位を認め、理容師兼外科医として安心して仕事ができるように保証するものだった。その後、医師や外科医も交えて、理容師の

Le poteau de barbier
理容室のポール

理容室の看板は、この職業がたどってきた歴史を反映している。瀉血(しゃけつ)
（患者から血液を採取し除去する治療法）の際には、腕をぴんと伸ばさせて静脈を目立たせるために杖が用いられていた。理容室の看板となっているこのサインポールは、患者が地面と垂直に持つ、この青い杖の影響を受けている。

赤い色と螺旋形は、乾かしたり、患者の注目を引いたりする目的で露店の外に吊り下げられていた、血の染みた包帯を思い出させる。

14世紀には、ヒゲ皿（客のあごの下に置くために一箇所が削り取られた楕円形のもの）か、瀉血に用いられた黄色い皿が看板として使われていた。

現在では、この「理容室のサインポール」は世界共通のシンボルとなり、世界じゅう、どこでも見られるようになった。

特権をめぐる争いが数世紀にわたって続いた。そしていくつもの勅令によって、理容師の施術の領域は少しずつ減っていった。

18世紀半ばになると、フランスとイギリスの王は、外科医の仕事と理容師の仕事をきっぱりと分ける決定をし、髪の手入れが理容師の仕事として残された。

衰退が運命づけられた理容師だったが、かつらの流行によって新しい飛躍の時代を経験することになった。理容師兼かつら師は、かつらを製造し、顧客につけてあげるだけでなく、その日々の手入れも任せられた。女性だけではなく、男性もかつらをつけていたため、フランス革命までのあいだ、理容師は感謝される存在となり、黄金時代を享受していた。フランス革命後には、アンシャン・レジーム（旧体制）の廃棄の象徴として、かつらは急速に姿を消した。理容師は再び、髪の手入れに専念するようになった。そして19世紀には、美容師という職業が新たに登場した。

1970年代、男性のあいだでも髪を伸ばすことが流行したために、男女両方が通う美容室が増加し、理容師の領分は小さくなった。ヒゲを剃り、手入れをする技術の習得が、美容師の養成課程から消えたのもこの時代である。

現代

2000年代のはじめ、理容室はフランスに数軒しかなかった。その後、美容師たちがこの伝統的な職業技術の習得に少しずつ熱中するようになり、新しい冒険に乗り出すようになった。理容師の養成過程もまた出現してきた。

現在では、男性も自分のルックスに注意を払うようになり、自分をよく見せるための有効な切り札として、ヒゲを使えることに気づきはじめた。

2010年代には、ヒゲへの一斉回帰によって（まず短いヒゲ、続いてもう少し長いヒゲ、最近は口ヒゲ）、理容業界が活性化し、フランスじゅうにいくつもの理容室が新設された。現時点では、経験を積んだ理容師は希少な人材であり、この何年かでいちばん高い値がついているといっても過言ではない。それと並行して、エステティックサロンも男性という新しい市場に打って出た。だが、まだ浸透はしてはいないようだ。実際のところ男性からは、健康センターやスパは女性向けだというイメージを持たれている。男性がヒゲの手入れやケアをしてもらいたい場合は、どこに行けばいいのだろうか？

「顔の手入れをしてもらうためにね、スパに行ってきた」とは、もう誰も言わない。「理容室に行ってきたよ。カミソリでクラシック・シェービングをしてもらったんだ」と誰もが言うことになるだろう。理容室の儀式は、スパと同じぐらい快適で、満足のいく時間を過ごさせてくれること間違いなしだ。

Comment choisir
son barbier ?
どうやって理容室を選ぶ?

まず基本的なこととして、理容室を名乗っている店を優先しよう。さらに、提供されるサービスのリストを確認しよう。理容室は男性向けの美容室であり、髪を切る技術にたけているだけでなく、その技術をヒゲのカットにもいかせる。だが、それがすべてではない。本当の理容師はクラシック・シェービング（P.68以降を参照）ができる。

美容室に行っているなら、自分を担当している美容師が理容師の教育を受けているか確認し、必要なら遠慮せずに理容室を紹介してもらおう。流行しているというだけの理由で、シェービングやヒゲのカットが、突然、メニューに載りはじめることは、まずないのだから……（※編集部注：日本では、理容師免許が必要とされるカミソリを使うシェービング〈ヒゲ剃り、顔剃り〉は、通常理容店のみで行われています）。理容室にもいろいろなスタイルがある。1960年代のロックンロールなオールドスクールの店、古いベルモントの肘掛け椅子が鎮座する、古いオブジェで飾られた伝統的な店、1920年代風のシックでクラシックな店、サードウェーブ・デザインのブルックリン風の店……。

理容室のなかには、顔のケアに加えて、マニキュアやワックス脱毛をサービスとして提供しているところもある。反対に、伝統を大切にするお店なら、カットとシェービングだけという、昔ながらの仕事をするだけかもしれない。バリカンを引き出しの奥に封印しているような、ハサミとカミソリだけで仕事をする職人も見つかる。自分の目指すスタイルと要望を大切にして、自分にいちばん合う人を選べばいい。

理容師は、あなたの魅力を引き出すためにいる。自分に合うヒゲのスタイルを選ぶことに付き合ってくれるし、日々の手入れの仕方についてアドバイスもくれる。遠慮しないで質問をぶつけよう。

最後に、理容室に通うことは喜びのためだということを忘れないようにしよう。雰囲気やサービスが気に入らなかったら、自分に合うお店を見つけるために、新しいお店に行ってみるのもいい。

巻末のバーバーリスト参照
フランス・ベルギー・ルクセンブルク・スイスの主な理容室（P.88-91）、日本の主な理容室（P.92-93）

2
CHOISIR SA BARBE

ヒゲを選ぼう

POUR COMMENCER
はじめに

まず、人の顔がさまざまなのと同じく、ヒゲもさまざまなのだと知っておいてほしい。生え方、毛の性質や色が違うことで、ヒゲは世界でたったひとつ、その人だけのものになる。それでは、似合うヒゲ選びの旅へと出発しよう。

État des lieux
現状を把握する

最初の段階として、現状を把握することが不可欠だ。何日かヒゲを伸ばしてみて、できあがった顔を見てみよう。どこが濃い？ どこがまばら？ 毛が生えているのはどの方向？ 口ヒゲはどんな感じ？

人によって事情があるだろうが、とにかく自前の材料で進めていき、生え方に合わせて目標を設定するといい。毛を増やす効果のある製品や、栄養サプリメントが売られているのを見かけることがあるだろう。運がよければ、すでに毛が生えている場所に効果が出るかもしれない。だが、もともと生えていないところに生やすことはできない。

ヒゲにできてしまった穴を隠すよりは、それを受け入れ、輪郭をうまくいじって、ほかのところに注意を引いたほうがいい。頬ヒゲの一部がはげている？ それなら、山羊ヒゲや、スタイリッシュな口ヒゲ、きれいにカットされた唇下のヒゲを生やしたらどうだろう。ヒゲに関しては、何をしたっていいのだから！

Look et personnalité
ルックスと個性

ヒゲは、その人のアイデンティティに合ったものでなければならない。もちろん、ヒゲによってスタイルができるという側面もあるが、まわりの環境にも合っている必要があるし、何よりもまず自分に合っていることが重要だ。

Le sportif
スポーツマン

自分のスタイルやイメージに気を使うことの多いスポーツマンは、主張の強いルックスを試してみたり、ルックスを定期的に変更したりするのが好きだ。V字に刈られたヒゲは、筋骨隆々とした体つきをヒゲの形にも反映させたかのよう。大切なのは、まっすぐな輪郭と幾何学的に角張った形だ。ヒゲは短くし、汗をかいても不快にならないようにしよう。顔のまわりのヒゲ、首ヒゲ、山羊ヒゲ（P.30）を、柔道家のテディ・リネールのようにしてみてはどうだろうか。ただし、どんなスポーツ選手でも参考にしていいということではない。ラグビー選手のセバスチャン・シャバルなどは、むしろ旧石器時代の人類みたいに見える。

L'artiste
アーティスト

アーティストは、常に口ヒゲで遊んできた。サルバドール・ダリは多くのスタイルを実験したし、アンソニー・ヴァン・ダイク（バロック期のフランドル出身の画家）は山羊ヒゲを加えることで自分の名前を冠したヒゲのスタイルを発明した。実際、この山羊ヒゲができてから、個性を主張しやすくなった。
山羊ヒゲは、形を作ってスタイルを整えるために、毎日ケアしなければならない。口ヒゲについて書いた P.51 からの章を読んでみてほしい。
唇下にもヒゲを生やして趣向を凝らすのはどうだろう？

Le jeune actif
若手ビジネスマン

ネクタイを結んでスーツに身を包む。オフィスで過ごす。あるいはクライアントとの会合に出席する。かつて、ヒゲはこうした場面から追放されていたが、今では受け入れられている。ただし、完璧に手入れされているというのが条件だ。短いヒゲにして、輪郭を毎日整えてきれいにしておこう。口ヒゲや、曲線的・直線的な形を取り入れるなど、自分の個性をディテールで表現するのは許される。

L'urbain vintage
アーバン・ヴィンテージ

古いものは好きだろうか？ もし好きなら、祖父母の世代の、少しモダンさを感じさせるヒゲのスタイルはどうだろうか？ たとえば、ワックスを使って口ヒゲを堂々としたハンドルバー（P.54）にして、何ならニコライ２世のような長いヒゲをつけくわえてみてはどうだろう？

Le biker
バイカー

見事なメカニックとレザージャケット。これらを愛しているなら、男らしいヒゲをつけるべきだ。すぐにヒゲを伸ばして長くしなくてもかまわない。頬ヒゲつきの山羊ヒゲを試すこともできる。

Votre personnalité
あなたの性格

あなたは唯一無二の存在だ。この本に載っているヒゲのスタイルは、あくまでインスピレーションを与えるためだけのものだ。あなたのヒゲは、あなた

自身にふさわしいものでなくてはならない。
さまざまなスタイルを試すことをためらわ
ず、まわりの人や、できれば理容師に助言
を求めよう。いずれにしても、似合わなかっ
たら、まとめて剃り落として何日かあとに
新しいのを試すだけでよいのだ。

Barbe et coupe
de cheveux
ヒゲとヘアカット

ヒゲと髪のあいだには、コントラストがな
ければならない。ヒゲも髪も両方目立つよ
うにしていたら、逆にどちらもかすんでし
まう。

そう、もし存在感のある作り込まれた髪型
をしているなら、ヒゲはむしろ慎ましくす
べきだ。逆に、クラシックなヘアカットに
したなら、ヒゲのスタイルで遊ぶことがで
きる。そのとき、ヒゲは注目を集め、美を
演出する本物のアクセサリーになる。

Et les formes de visage?
顔の形?

多くの本は、特に美容室に置かれている本
は、カットのスタイルについて顔の形と関
連して論じている。だが本書では、その問
題について詳しく取り扱わないことにした。
というのも、ヒゲのスタイルを選択するに
あたって、顔の形は重要な基準ではないか
らだ。この章のはじめで述べたように、ス
タイルは、毛の生え方や、好きなように使
える材料、性格によって決めるべきだろう。
もしあなたが、めったにないほどの幸運の
持ち主で、どんな可能性も実現できるタイ
プのヒゲを持っていたら、基本的なルール
と常識だけおさえておいてほしい。

もっとも女性らしく見なされる顔の形は楕
円形であり、もっとも男らしく見なされる
顔の形は四角だ。たとえば、あなたの顔の
形が丸ければ、角度がつくようにヒゲの輪
郭をまっすぐにし、特に頬のあたりがふさ
ふさになるのを避けるとよい。

反対に、あなたの顔がじゅうぶんに四角い
なら、線や鋭い角度を強調しすぎないほう
がいい。顔の印象をやわらかくする、少し
カーブした形を選ぼう。短いヒゲがふさわ
しい。

もし面長なら、長いあごヒゲや山羊ヒゲ、も
みあげによってその長い形が強調されてしま
うのを避けよう。頬のあたりにボリュームを
残した、威厳のあるヒゲがよい。

だが、何よりも大事なのは、好きなヒゲを生
やすこと。そしてヒゲの形は、あなたの個性
を反映することを忘れないようにしよう！

LES PRINCIPAUX STYLES DE BARBE
主なヒゲのスタイル

La barbe de 3 jours
3日ヒゲ（無精ヒゲ）

このヒゲはとても人気がある。予想に反して、このヒゲをだらしなく見えないようにするためにはかなりの手入れが必要になる。長さは2mmから5mm。

La barbe de 17 heures
夕方5時のヒゲ

別名「夜のヒゲ」「生まれたばかりのヒゲ」。朝剃られたヒゲが1日の終わりに自然とこの長さになることから、「ファイブ・オクロック・シャドー」とも呼ばれる。0.5mmから1mmととても短い。ヒゲが濃い人に似合う。

La barbe courte ou de 10 jours
短いヒゲ ／ 10日ヒゲ

顔全体を覆うこのヒゲは、たいていの男性に似合う。ヒゲがそこまで濃くない人にも似合い、ほぼ誰にでもよい結果をもたらす。丁寧に手入れをすれば、どんな場面でもOK。一般的なスタイルなので、オリジナリティには欠けるかもしれない。

La barbe longue
長いヒゲ

このふっくらとしたヒゲにするためには、何カ月か伸ばす必要がある。好みに応じていくつかの形を選ぶことができる。

La fourche　フォーク

歯が2本だったフォークの先祖を連想させるため、「フレンチ・フォーク」とも呼ばれる。あごの高さで先端を2つに分ける。

Naturelle　ナチュラル

輪郭を整えるための手入れだけで、ヒゲが生えるがままにしておける。

La ducktail　ダックテール

洗練されているこのヒゲは、あごのところが尖った形にカットされる。上品にしたいなら、ニコライ2世を思わせる堂々としたハンドルバーの口ヒゲをつけくわえてもよい。

La Garibaldi　ガリバルディ

丸々とした形のこのヒゲには20cmもの長さが必要。田舎っぽい印象を与える。口ヒゲは丁寧に整えなければならないが、顔の輪郭に生えているヒゲは比較的自由だ。カーブに沿ってハサミで手入れする必要がある。口ヒゲをなくし頬をすっきりさせると、「オランダ風」（もしくは「オールド・ダッチ」）になる。

La barbiche
山羊ヒゲ（バルビッシュ）

あごの下の小さなヒゲのことで、いろいろな形がある。「バルビッシュ」とも呼ばれる。細く小さい場合は「バルビシェット（小さな山羊ヒゲ）」と呼ばれる。しばしば口ヒゲとセットになる。

La barbe sculptée
ショートボックス

短く、輪郭が完璧に整えられたヒゲのこと。口ヒゲ、首、山羊ヒゲ、頬骨のヒゲをカミソリで正確に切りそろえて作る。長さもさまざまあり、首ヒゲ、山羊ヒゲ、口ヒゲといった、それぞれの部分に関しても、いくつかの形がありうる。このヒゲは毎日手入れすることが必要になる。ヒゲが濃い人に似合う。

Le bouc
ゴーティ

山羊ヒゲと口ヒゲで口を囲むスタイルは「ブック」あるいは「ゴーティ」と呼ばれる。このスタイルには複数のバリエーションがある。口ヒゲの形で遊ぶと、主張が強くなる。

La Hollywoodienne
ハリウッディアン

短いヒゲと同じだが、そこから頬ヒゲと山羊ヒゲの尖端を取ったもの。頬の肌とヒゲの境界も、普通のふっくらとしたヒゲより低い位置になる。

La Van Dyck
ヴァン・ダイク

この名前は、有名なオランダ人の肖像画家、アンソニー・ヴァン・ダイクに由来する。あごを縦に通る山羊ヒゲと、口角まではいかない口ヒゲによって構成される。いくつかのバリエーションが存在するが、本物の「ヴァン・ダイク」は、尖った山羊ヒゲと、よく手入れされた濃い口ヒゲのことだ。もう少し口ヒゲを長くして山羊ヒゲを細くすると、「インペリアル（皇帝風）」もしくは「ナポレオン3世風」になる。

La mouche
ソウルパッチ

下唇の下の小さなヒゲのこと。三角形、半月、長方形などいろいろな形があるが、どれも地味だ。口ヒゲとセットになることもある。あごの中央に垂直な線を引くように伸ばされものは「タンブル（切手）」と呼ばれる。

Les favoris
頬ヒゲ

60年代には、長いもみあげが流行っていた。より目立たない形で完璧に造形されたものが、最近になって再登場した。山羊ヒゲや口ヒゲなどと組み合わされることもある。

La Captain Jack
キャプテン・ジャック

口ヒゲと、三つ編みにされてふたつの房になった山羊ヒゲで構成されている。『パイレーツ・オブ・カリビアン』のジャック・スパロウのヒゲがこれだったために、この名前がつけられた。

L'ancre
アンカー

このヒゲは、口ヒゲと、刈り込まれた唇下のヒゲと、尖った山羊ヒゲによってできていて、錨（アンカー）の形をしている。山羊ヒゲをより目立たせて丸くすると、「バルボ」になる。

Combinaison
コンビネーション

ユニークなヒゲにしたければ、これらをどんどん組み合わせよう。口ヒゲも意識しよう。

ヒゲを選ぼう

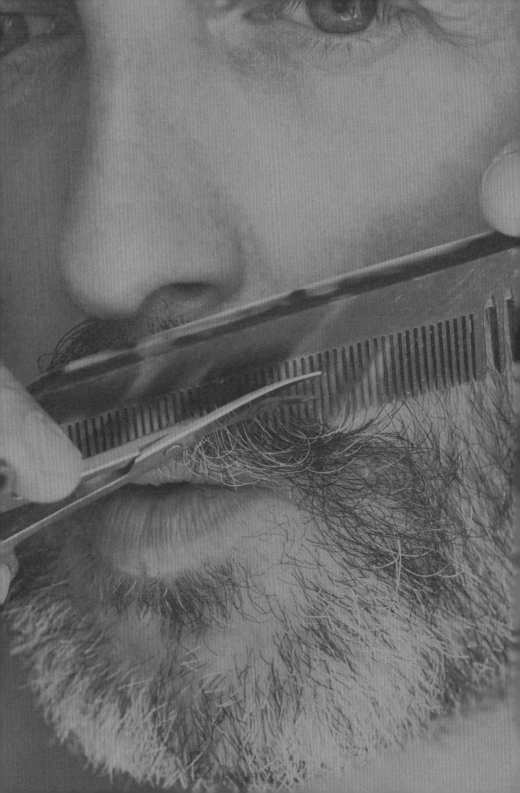

TAILLER
SA BARBE

ヒゲをカットしよう

LES PREMIERS PAS
はじめの一歩

まず、ヒゲが育つのを待たなくてはならない。毛が伸びる速度は人によって異なるため、どのくらい待つことになるのかは正確には言えない。平均して、3日ヒゲ（無精ヒゲ）のためには1週間、中ぐらいの長さのヒゲには2〜3週間、長いヒゲには2〜3カ月が必要になる。

整ったヒゲができるまでのあいだは、中間的な段階だ。休日はシェービングしないことをおすすめする。もし、仕事で見た目が重要ならば、首、頬ヒゲ、口ヒゲを剃るという最低限の手入れをしながら、少しずつヒゲを伸ばすといいだろう。好みのスタイルを作るための材料になる。

LES OUTILS
道具

La tondeuse
バリカン

必要不可欠な道具。ヒゲを造形し、手入れをすることができる。バリカンを選ぶ際に大事になる要素を紹介しよう。

★ **アタッチメント**：それぞれの長さ（0.5mm、1mm）ごとにあり、アタッチメントのタイプもいくつかある（アタッチメントが調整可能か、アタッチメントごと替える必要があるか、アタッチメントがないか）。

★ **充電時間とバッテリー駆動時間**：旅行・出張が多いなら要チェック。

★ **コードなしで使えるかどうか**：バリカンには、コードつきのモデルとバッテリーつきのモデルがある。コードレスの場合には、電源に直接つないでも使えるかを確認しよう。バッテリーが切れたときに役立つ。

★ **洗い方**：実用面を重視して水洗い可能なモデルにするか、ブラシで掃除するモデルにするか。

★ **刃の性質**：チタンや炭素を含み、寿命が長いステンレスか、よく切れるセラミックか。

★ **アクセサリーやオプション**：持ち運び用のカバー、小さなトリマー、微修正用のカミソリなど。

まず最初は、コードレスで、いくつかの長さに調整可能なアタッチメントのついたバリカンがおすすめ。自分に合うぴったりのヒゲが見つかるまでに、いろいろな長さを試してみることができる。

時間が経って、やり方が身についてきたら、コードつきの、アタッチメントのないプロフェッショナル向けのバリカンもよい。コームと併用したカットに習熟しなければいけない代わりに、一般向けのバリカンより寿命が長い。熟練者は、バリカンの代わりにハサミを使うこともできる。

コードレスの一般向けのバリカンは、いいものを使おうと思えば、少なくとも25〜30ユーロする。カミソリや吸引機能がついたものだと70〜80ユーロ。プロフェッショナル向けのモデルになると、コードつきで何十ユーロか。コードレスなら100ユーロを超える価格になる。

Les ciseaux
ハサミ

仕上げに不可欠な道具。くせ毛を切ったり、口ヒゲを調整したりするのにも使える。ヒゲ全般に使えるハサミや口ヒゲに特化したハサミも市販されている。いずれにしても、ハサミは小さく（刃渡り4cmで全体が10cm程度）、正確に切れるよう先が尖っているものがよい。

Le rasoir
カミソリ

ヒゲの輪郭の手入れには、カミソリと電気シェーバーのどちらを使ってもよい。カミソリの選び方とシェービングの儀式については、P.63以降のシェービングについての章を参照。

Le peigne
コーム

梳くための部分（粗い歯）と、ツヤ出しのための部分（細かい歯）の2種類の歯がついている、スタンダードなカットコームを選ぶこと。ヒゲをセットし、形を整えるのに役立つ。プラスチックでできたものは避けよう。静電気が発生して、毛を逆立たせてしまう可能性がある。角や木、カーボン製がいい。

La brosse à barbe
ヒゲ用ブラシ

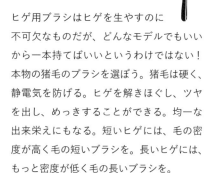

ヒゲ用ブラシはヒゲを生やすのに不可欠なものだが、どんなモデルでもいいから一本持てばいいというわけではない！本物の猪毛のブラシを選ぼう。猪毛は硬く、静電気を防げる。ヒゲを解きほぐし、ツヤを出し、めっきすることができる。均一な出来栄えにもなる。短いヒゲには、毛の密度が高く毛の短いブラシを。長いヒゲには、もっと密度が低く毛の長いブラシを。

La technique de taille
カットのテクニック

ヒゲをカットする技術は、突き詰めれば石工の先祖代々の技術にたどりつくのではないか。取り出したばかりの大きな石のブロックに、石工はさまざまな特徴や不規則性を見いだす。そして、輪郭をイメージしながら全体を荒削りする。その次が仕上げだ。彫刻を最終的な完成形にするには、時間がかかり、器用さも求められる。

もうおわかりだと思うが、ヒゲも同じだ。作業をするための素材をたくさん準備することが大事。まずはヒゲを生やそう。

TAILLER UNE BARBE COURTE OU MOYENNE
中ぐらいの長さまでのカット

Les contours
輪郭

まず、切る前にヒゲにブラシをかけて毛を整える。ブラシは手に持っておこう。それぞれの段階で、カットする毛を浮き立たせるために、また同じことを行うことになる。最初は、ヒゲの輪郭を決める必要がある。ヒゲと肌の境界線が自然にできる場所を知るために、生え方を観察しよう。

輪郭の線を引くのは、アタッチメントなしのバリカンで。ヒゲのカットの最後には、使い慣れたカミソリで、残っている毛を取り除き、見栄えをよくしよう。

コームを手に取り、耳の上から口角までの線に沿うように置く。アタッチメントなしのバリカンで、コームの上に出ている毛をすべて刈る。

よりカジュアルにしたい場合は、少し下げて、耳の真ん中から口角までの線にしてもよい。それだと直線的すぎる場合は、顔に沿ってゆるやかにカーブした曲線にすることもできる。ただ、この曲線は強調しすぎないように。頬ヒゲが強調されすぎて、頬がふくらんだように見えてしまう。

毛の生え方は人によって異なるので、目印も変わる。いずれにしても、ヒゲの境界線は均整の取れたものにすること、もともとの生え方を尊重すること、十分に左右対称になるように刈ることが大事だ。

顔のヒゲのラインを明確にし、だらしなく

見えるのを避けるには、首というベースラインにもある程度注意を向けよう。アタッチメントなしのバリカンで、顔に沿ってゆるやかにカーブしたラインを刈るとよい。

そのためには、頭を上げて、片方のあごの下から反対側へと刈っていく。首のベースラインをのどの高さで作る場合、ヒゲの境界線がのどぼとけの上にくるように、あごから指1本分ぐらいの均等な幅を確保するようにする（左の図参照）。

あごの両端、耳の下のところのヒゲは、角張らないように、丸くする（右の図参照）。

Les pommettes
頬ヒゲ

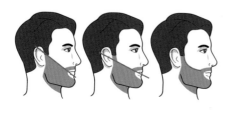

頬ヒゲの線

Le cou
首ヒゲ

首ヒゲの線

La barbe
ヒゲ

調整可能なアタッチメントのついたバリカン、もしくはアタッチメントを付け替え可能なバリカンを持つ。まずはもっとも毛が長くなるアタッチメントを使って、ヒゲ全体を、毛の流れと逆向きに刈ろう。

ヒゲの生え方の流れをよく観察すること。そうすると、顔の部分ごとに異なる方向に動かすことが必要だとわかる。一般的に、頬から首の真ん中までの毛は少し斜め下の向きに生えており、首の下のほうの毛は上向きに生えている。しかし、すでに書いたように、人によって生え方は異なる。たとえば、あごの毛が横向きに生えているということもありうる。

より小さなトリマーを使うか、長さの調整可能なバリカンであれば、バリカンの目盛りを徐々に調整して、カットを続ける。

自分のしたい長さになるまで続けよう。一般的に、3日ヒゲ（無精ヒゲ）なら2mmから5mm、短いヒゲなら10mmが目安だ。完全に左右対称になっているか気をつけよう。

ヒゲをカットしよう

ヒゲがそんなに濃くなければ、短くすることにこだわらないほうがよい。見栄えをよくするためには、顔全体のカットのやり方をそろえられる長さを見つける必要がある。少し濃い部分があっても、そこをアタッチ

メントつきバリカンで刈れば薄くなり、全体のバランスを整えることができる。
これで簡単な部分は終わりだ。あとは、ヒゲをあらゆる状況できれいに適切に整えておくこと！

La moustache
口ヒゲ

趣味とスタイルの選択の問題だ。他の部分のヒゲと同じ長さにしたいという人もいれば、目立たないように短くしたい人もいる。山羊ヒゲと口ヒゲを強調するスタイルを選び、他の部分より目立たせたいという人もいる。
どう剃る場合でも、小さなコームかヒゲ用のブラシで口ヒゲを下向きにとかし、これから切る毛を際立たせよう。
小さなハサミかアタッチメントなしのバリカンを使って、唇に向かって降りてきている毛をカットして、きれいな輪郭を作る（図①）。
もし上のほうに生えている量が多かったら、とくに先端のほうが多かったら、輪郭を描き直すためにカットする。鼻の下で切ることもおすすめだ（図②）。
頰ヒゲと口ヒゲのあいだ（口角のあたり）の毛がまばらな場合には、次の３つの対策が考えられる。

口ヒゲの輪郭

★ 生えはじめのヒゲでつながるように短く剃る。

★ 口ヒゲを他の部分のヒゲから切り離すことで、その部分の意味付けを変えてしまう。上の部分まで剃りすぎないようにしつつ、まっさらになるまで剃ってしまおう。口角までで止めよう。

★ その事実を受け入れよう！ 小さな欠点を隠そうとすると、そこに注目が集まってしまうものだ。

LES CONSEILS DE JEAN
ジャンのアドバイス

シェービングソープやシェービングムースを使うと、ヒゲの輪郭がわからなくなる。それを避けるために、シェービングオイルを使ってもいい。シェービングオイルは肌とカミソリの刃のあいだにバリアを作ってくれる。それに、オイルは透明なので、ヒゲのできあがりの線がわかるようになる。

まだ気をつけるべきことがある。「プレシェーブ」のオイルだと、シェービングムースとセットで使わなくてはいけない。単体で使えるオイルを見つけよう。

Les finitions
仕上げ

剃るべき場所

Le rasage　シェービング

いつものカミソリで、あらかじめ首とあごのラインまで剃っておこう。必要ならバリカンで同じところをもう一度刈ってもかまわない。

首の下の肌が敏感で、まっさらになるまで剃るのが嫌なら、バリカンでできるいちばん短い長さ（0.5mm から 1mm）で刈ろう。首の毛をあごの下までまるごと剃ることは避けよう。線が強調されて二重あごのようになるのは美しくない。

電気シェーバーの場合、回転式よりも往復式のほうが輪郭を作るのにはよい。仕上げのための、より小さなヘッドがついたシェーバーがあることも覚えておこう。

電気シェーバーでないカミソリだと、正確に剃れるし、できあがりも長くもつ。より整った出来栄えにしたいのなら、理髪師の道具である西洋カミソリや、入門者なら替刃式ストレートカミソリ（P.70 参照）を使おう。安全カミソリに比べて、刃が見えやすいので、剃っている場所がわかりやすく、正確にヒゲのラインを作ることができる。

切り傷のリスクを減らして安全に剃るには、P.63 からの章のアドバイスも参照すること。

Les pattes もみあげ

もみあげとヒゲのあいだにきれいな段差を作るには、まず、もみあげの境界線の高さを決める。もみあげの下から、上に向かってバリカンを動かし、最初に決めたラインの少し上まで持っていく。

目の位置を目印にしてバリカンをあてる位置の上限を決めよう。耳の付け根がちょうどいい高さだ（図参照）。

トラブルを避けるために、他の部分のヒゲと同じように刈ること。いちばん長いアタッチメントから始め、徐々に短くしてちょうどいい長さに仕上げるのが大切。

目的は、もみあげがヒゲにグラデーションでつながることだ。バランスのとれた形にするためにも、もみあげの長さはある程度自由に調整しよう。

La mouche ソウルパッチ

ソウルパッチとは、下唇の下にある小さな毛の束のこと。多くの男性のソウルパッチは毛が生えていない楕円形のエリアに両側を囲まれている。そこに毛が何本か生えることがあるが、きれいに整えるためには取り除いたほうがよい。

数本しかなければ、毛抜きを使おう。もっと濃いようなら、アタッチメントなしのバリカンか、仕上げ用のトリマーを使おう。全体を均一に、左右対称にするために、両側をそれぞれ少しずつ短くしよう。

あごが完全にヒゲで覆われていてソウルパッチがなければ、自分で作ってもいい。あごの形をクリアにし、口を強調することで、顔のラインにアクセントをつけてくれる。顔の下のほうがすっかりヒゲに覆われているというのなら検討の余地ありだ。

もみあげのバリカンの動かし方

ソウルパッチのカット

Le menton et le cou　あごと首

あごの両側が濃いようであれば、バリカンのアタッチメントを調節して短くしよう。あごの上のほうが薄ければ、あごの形に似た半月状のスペースを作るようカットするとよい。その際、下唇の下に少しだけヒゲを残そう。

首の下のグラデーション

首の下にくっきりとしたコントラストができないよう、バリカンをヒゲの長さより短いアタッチメントにして、ヒゲのない肌の部分とヒゲにグラデーションをつける（図参照）。少し練習すれば、このグラデーションを首のいちばん下まで広げられるようになる。

あごの下の影の効果を減らすために、首のヒゲを他の部分より少し（0.5mm か 1mm）短くしてもよい。

あごヒゲのカットの別の例

LES CONSEILS DE JEAN
ジャンのアドバイス

バリカンは、カットしてから何日かあとにヒゲのなかで目立ってくる毛を刈るのにも使える。アタッチメントや本体を調節して長いカットにしよう。全体をやり直さなければいけなくならないよう、バリカンを逆向きにして使うことをおすすめする。ヘッドを下に向け、毛の流れに沿ってあてよう。たとえば頬なら上から下にという具合に。目的の毛はこれで刈れるはず。うまくいかなかったら、最初に気になった毛が刈れるまで少しずつカットの長さを調整しよう。

ヒゲをカットしよう

L'entretien
手入れ

必要な手入れの頻度は、ヒゲの伸びる速度によっても変わってくる。首と頬に関しては毎日手入れしないと崩れてしまう。ブラシのあと、ハサミで悪目立ちしている毛のかたまりを切ろう。バリカンでカットした4〜5日後ぐらいに必要になる。
流れは同じだ。

❶ 頬ともみあげの輪郭を、アタッチメントなしのバリカンで決める。

❷ 毛と逆向きにバリカンをあてて刈る。まずは、いちばん長さのあるアタッチメントで。

❸ 目的どおりの長さにするために、少しずつ短いアタッチメントを使う。

❹ 仕上げの動作で刈るのを終わりにする。口ヒゲも忘れずに。

❺ ヒゲに栄養を補給するためビアードオイル(P.80)を使う。シャンプーも定期的に。

顔の他の部分のヒゲの濃さに合わせて、アタッチメントを調整することを忘れないように。全体のバランス、とくに左右対称に気をつけること。
顔を覆うヒゲを手に入れるまでのあいだに何か問題に直面したら、ヒゲをもっと長くするか、別のスタイルを模索しよう！

TAILLER UNE BARBE LONGUE
長いヒゲのカット

すでに述べたように、ヒゲを長く伸ばすには何カ月かの我慢が必要になる。毛の生え方や遺伝子、代謝などの要因で、生えるまでの時間は人によって異なる。望む長さになるまでのあいだ、ヒゲを毎週きれいに保つために、手入れについてのアドバイスを守ってほしい。

La forme
形

長いヒゲの基本形

木こりのようなもじゃもじゃのヒゲに憧れているのでなければ、最初に理容室に行ってみることはほぼ必須。四角い形にするか、丸い形にするか、尖らせるか、自然なままにするか、まず全体の形を決めてくれる。理容師は、生え方や性格に合った別のスタイルも提案してくれるはずだ。

印象に残るヒゲの持ち主にいきなりなるのは難しい。毎日手入れをして清潔に保てるようになることが最初の目標だ。ヒゲをきれいに保つために不可欠な動作を、一緒に見ていこう。

Les contours
輪郭

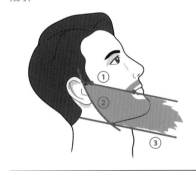

長いヒゲの輪郭

はじめに、ときほぐしつつ整えるように、毛の流れに沿ってヒゲにブラシをかけよう。次に、アタッチメントなしのバリカンで首、頬（図の①の線）、口ヒゲの輪郭を決める。短いヒゲと同じ手順で行おう（P.38「輪郭」の説明も参照）。

長いヒゲのために、とくに注意が必要なのは、あごから耳の上までの角度だ。ハサミで自然なラインを作り、毛が耳の邪魔になるのを避けなくてはいけない（図の②の線）。

もっともデリケートなのは、首とあごのあいだ。この場所に十分な量の材料となるヒゲがあるのは重要だ。ヒゲの支えになり、ヒゲ全体のバランスがよくなる。ここを手入れすると美しいヒゲになる。そのために、ヒゲの下半分を手でほぐし、頭を上に向けて、理容師に作ってもらったラインを維持するために邪魔な毛を切ろう（図の③の線）。

La barbe
ヒゲ

長いヒゲの手入れ

手入れをする毛を自然に浮き立たせるには、ヒゲを根っこから外側へ持ち上げるようにコームで梳くか、ブラシをあてよう。とくに、顔の下半分について、逆立っている毛をコームでひとすくいしよう。そうすると簡単に飛び出している毛がわかる。

ヒゲの各面から飛び出ている小さな毛をハサミで切り、頬の延長線のラインを作ろう。ハサミは顔と平行に動かすように。顔に対して垂直にハサミを使うのは厳禁だ。ヒゲを薄くして、均一な見た目を崩してしまう。飛び出している毛を切りながら、だんだん外側へ整えていこう。同じことを何度か繰り返すのが大事だ。

下の部分に対しても、同じ方法でヒゲの形をキープしよう。ハサミを動かすたびにコームで梳いてもよい。

少しずつ切ろう。輪郭を作るとき以外はバリカンを使ってはいけない。想定外のアクシデントを起こしやすい。

LES CONSEILS DE JEAN
ジャンのアドバイス

頬骨と首のところは、清潔にしたければ毎日ケアすること。敏感肌の場合や、あるいはナチュラルに見せたい場合は、カミソリの代わりにアタッチメントなしのバリカンを検討してもよい。

Moustache
口ヒゲ

口ヒゲについてはいろいろなやり方がある。
他の部分のヒゲと混ざるようにしてもいいし、
目立たせてオリジナリティを出してもよい。
そのためには、まずは先端を切らずに伸ばす
こと。中心から外側へと毎日整える。
材料となるヒゲが十分にそろったら、口ヒゲ
用のワックスを使おう。ワックスを少量手に
取り、親指と人差し指でこすり合わせて少し
あたため、内側から外側に向かって口ヒゲに
つける。口ヒゲの下の親指を唇から先端へと
動かして、ボリュームをつけ、他のヒゲから
目立たせる。

あごヒゲと組み合わせた口ヒゲ

Finitions
仕上げ

❶ 強く押しつけながらブラシをかける。逆
   立った毛にはハサミで仕上げをする。そ
   のとき、ヒゲとハサミは平行に。
❷ 唇のほうに下向きに飛び出している毛を
   切る。
❸ 必要ならソウルパッチを調整し、左右対
   称な整った形にする。
❹ 首と、必要なら頬の上のほうを剃る。

Au quotidien
毎日の手入れ

ヒゲを美しく保ちたいなら、最低でも週に1
回は全体的な手入れをしなければならない。
ヒゲの形を再現するために、平均して月に1
回理容室に行くことがおすすめだ。
長いヒゲは、短いヒゲ以上に細心の注意を必
要とする。第6章のブラシのかけ方、シャン
プーのやり方、ツヤ出しのやり方、保湿のや
り方を参照すること。

SCULPTER UNE BARBE
ショートボックスのカット

ヒゲが濃くてふさふさなせいで、うんざりしている？　もっと性格がはっきり出るスタイルにしたい？　それなら、望みどおりにショートボックスにするのはどうだろう。山羊ヒゲ、首ヒゲ、頬ヒゲ、口ヒゲ……。視覚にアピールするこのヒゲは、いろいろな形にできる。

長いヒゲのときと、基本は同じだ。だが、目指すべき輪郭がはっきりしているため、あらかじめ時間をかけて、段階を追って、イメージを作っておく必要がある。

最高の結果を得るためには、まずヒゲを完璧に伸ばすこと。

自分の顔をよく観察して、ヒゲが生えたときの様子をイメージする。自分の希望と毛の生え方を考慮しよう。

バリカンで輪郭を描き出す。最初のイメージから何 cm か余分に毛を大きく残しておくことが大事だ。

少しずつ切っていく。左右対称にするために、顔を見る角度を変えながら取り組もう。いったん形ができたら、いつものカミソリ

ショートボックスのカット

でヒゲのない部分を剃ろう。シェービングオイルを使うと、そのすべりやすさと透明さで、ヒゲの境界線がいっそうわかりやすくなる。

ショートボックスは名前のとおり毛を短くそろえておく必要がある。定期的にバリカンを使ってヒゲの長さをそろえ、輪郭を整えよう。

このスタイルは精密なカミソリさばきと毎日の手入れが必要になる。小さな失敗がすぐにばれてしまうからだ。

ヒゲをカットしよう

4

LA MOUSTACHE

ロヒゲ

LA MOUSTACHE, TOUT UN SYMBOLE
口ヒゲというシンボル

話題になるのは顔のまわりのヒゲばかり
だったが、口ヒゲもファッション誌で扱わ
れるようになってきた。田舎っぽくするの
でも、もじゃもじゃにするのでも、洗練さ
れた感じにするのでも、口ヒゲを生やすの
は積極的な選択だ。視線は集まるし、なに
かしら内面を表現したものになる。

口ヒゲは古臭いものだと思われていたが、
今ではより洗練されたスタイルで人気が再
燃している。口ヒゲは手入れに手間がかか
る。うまくカットされていないと、すぐに
だらしない印象を与えてしまう。

どうすれば、きれいな口ヒゲをゲットでき
るだろうか。それを考える前に、口ヒゲに
はどのような種類があるのかを頭に入れ
ておこう。あごヒゲや頬ヒゲと同じように、
どのスタイルを選ぶかは、もともとの生え
方によっても変わるし、性格にも合わせる
必要がある。

ほとんどの男性が口ヒゲを生やしている国
もある。たとえばトルコでは、口ヒゲは本
物の男の証として扱われているし、観光客

の注目の的にもなっている。口ヒゲの移植
手術でも名高い国なのだ。トルコにはこん
な言い回しすらある。「口ヒゲのない男は、
バルコニーのない家のようなものだ」。ト
ルコ人は、政治的立場さえも、薄かったり、
目立つものだったり、おしゃれだったりと
いうヒゲの種類で表す。さて、これで口ヒ
ゲはまじめに取り合うべき問題なのだとわ
かってもらえただろう。

MOVEMBER, MAIS QU'EST-CE DONC ?
モヴェンバーとは？

オーストラリアで 1999 年に生まれたモ
ヴェンバー運動は世界じゅうに広がった
（「Movember（モヴェンバー）」は「Moustache

（ムスタッシュ＝口ヒゲ）」と「November（ノヴェンバー＝ 11 月）」を合わせた造語）。11月に口ヒゲを伸ばしている男性を見たことはないだろうか？ 彼らは「Mo ブラザー」だ。モヴェンバー財団は、年に 1 度、男性の健康について自由に語るためのコミュニケーション手段として、口ヒゲを利用している。11 月のあいだ、口ヒゲを顔につける人が増えると、そこに注目が集まり、会話が喚起される。モヴェンバーは、男性の健康問題についての関心を呼び起こして研究のための寄付を集める機会でもあるし、なごやかにおしゃれに善行をつむチャンスでもある。メディアが男性の病気についてとりあげることは少なく、男性は自分が病気になるまで専門家に相談しない傾向がある。

モヴェンバーは、みんなに語りかける。語りかける相手には女性も含まれる。女性もまた男性の健康問題の関係者だからだ。運動にかかわる女性たちにも「Mo シスター」という名前が与えられる。彼女らも、SNSを通じて友だちに話しかけたり、寄付をしたり、大学や職場でモヴェンバーのイベントに参加することができる。

集められた寄付金は、たとえば前立腺がんや精巣がんの調査・予防活動に役立てられる。モヴェンバーは国際研究プロジェクトも先導している。モヴェンバーの旗の下で、世界の著名な研究者たちが、迅速に成果を上げようと力を合わせている。すでに成果も出ていて、適切な治療の提案が患者の生活を改善している。

詳しく知りたければ www.movember.com を見てみよう。

LES PRINCIPAUX STYLES DE MOUSTACHE
口ヒゲの基本スタイル

La naturelle
ナチュラル

世界でいちばんポピュラーな口ヒゲ。もっと凝った口ヒゲに向かう前のはじめの一歩にはちょうどよい。

ただし、ナチュラルという名前だからといって、でたらめにヒゲが生えるのを放っておけばいいわけではない！ うまく輪郭を手入れしながら、ヒゲが伸びるのを観察しなければならない。

目立たせるには、いくつかの手段がある。もっとふさふさにしてもいいし、カットして整えてもいいし、ワックスをつけてまとめてもいい。

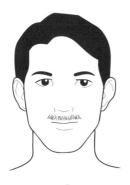

La croustache
クルスタッシュ

この名前は「Crusty（クラスティー＝ヒッ
ピーの若者）」と「Moustache（ムスタッシュ
＝口ヒゲ）」を合わせた造語だ。一見すると
だらしなく見えることからこの名前がきて
いる。この発明されたばかりのヒゲにする
のは、成熟の証を見せびらかしたい若者が
多い。この薄いヒゲは、力が抜けたクール
なルックスに合う。唇に毛が侵食してこな
いように、ハサミで手入れをする必要がある。

La moustache en croc
ハンドルバー

バイクのハンドルの形をしたこの口ヒゲが、
大規模に復活をとげている。曲がったふたつ
の先端が特徴だ。この口ヒゲは独特かつエ
レガントで、どこか「ブリティッシュ」な感
じを与える。輪を作らない程度に先端が少し
だけ上がっていると「フレンチ」になる。
ハンドルバーにはいくつかカットのやり方が
ある。真ん中でふたつに分かれているものと、
ひと続きのものがある。目立たせるために、
多くの男性はあごヒゲと合わせる。細くして
3日ヒゲ（無精ヒゲ）に合わせることもあるし、
もっと太くして、長いヒゲと合わせることも
ある。長いヒゲと合わせる場合は、ハンドル
バーにもボリュームを与えて、他のヒゲから
区別できるようにする必要がある。
毎日の入念な手入れが不可欠。濡らして
形を作ることもあるが、長くもたせるには、
口ヒゲ用ワックスがいちばんだ。

La brosse
ブラシ

上唇の全体を覆う特徴的な口ヒゲ。基本は長方形だが、上部の輪郭が少しカーブした形はブラシのようだ。
手入れは簡単。毎日剃って輪郭をハサミで直せばよい。

La biker
バイカー

「馬蹄形」とも呼ばれる。馬のひづめ形のこの口ヒゲは、ひときわ男らしい。古めかしく見えるかもしれないが、もみあげと組み合わせるとよく目立つし、坊主頭にも似合う。
どういうスタイルにしたいかによって濃さや長さも変わるが、濃くて強烈だと男らしい印象を与え、繊細に短く切りそろえるとエレガントで控えめな印象を与える。もっと長いふさふさのヒゲからや、大きな山羊ヒゲがある状態から始め、徐々にこの特徴的な形にしていくのがコツだ。

La Clark Gable
クラーク・ゲーブル

アメリカの俳優、クラーク・ゲーブルによって有名になった。モテるジェントルマンのこの口ヒゲには、「クレヨン」「ペンシル」という別名がある。その由来である細い形が特徴。シンプルに上唇についているだけのもの、鼻と口の完全に中間に位置してカーブしたもの、ふたつの部分に分かれて鼻の穴に向けてカーブしているものといった、いくつかのバリエーションが存在する。
どれも、最大 3mm までという長さをキープし、効果的にするために正確に忍耐強くカットする必要がある。

口ヒゲ

La pyramide
ピラミダル

この幾何学的な口ヒゲは、純粋主義者から
の評価が高い。基本的な形は、てっぺんが
切り取られた三角形。いくつかの形がある。
上が直角になった三角形をしていて、二辺
が鼻の穴で合流するような形もあれば、よ
りインパクトのある、上部が鼻全体に沿っ
てカーブして口角にまで広がっているもの
もある。
このスタイルには準備が要る。カットする
には、まず鼻のところの上辺と唇の上の下
辺を作る。次に、それぞれの角を作る。最
後に、目立たせるために輪郭を剃る。

La Fu Manchu
フー・マンチュー

作家サックス・ローマーが創造した架空の
登場人物で、20世紀の多くの映画の悪役と
して出てくるフー・マンチュー博士の名前が
ついている、アジア由来の口ヒゲ。型破り
なこのスタイルは、文学部の学生、武術の
ファン、アジア好きに支持されている。
口ヒゲをふたつの部分に分け、先端が口角
に届くまで毎日伸ばす必要がある。毎日入
念に輪郭を手入れしながら数カ月待つ。あ
る程度の長さに達すると、まとめるために
ワックスが使えるようになる。

La chevron
シェブロン

シェブロン（山形）もインパクトの強いヒゲだ。上部は屋根のように少し垂れ下がっている。丸くなった先端は口角の真下へと降りていく。

『私立探偵マグナム』のトム・セレックや、クイーンのボーカルのフレディ・マーキュリーのヒゲ。

簡単に作れるが、上部の形や先端の丸まった部分の手入れに集中力が必要。

L'anglaise
イングリッシュ

この洗練されたヒゲは、目立つ。細く長い形をしていて、先端は尖っていて、1日もたせるためにワックスで固められている。もっと大きくて太い形にすると「ハンガリアン」になる。

ハンドルバーと同じやり方でできる。先端を水平にするためにワックスを使おう。

口ヒゲ

L'américaine
アメリカン

第2次世界大戦中のアメリカ軍でよく見られた。この半月形のヒゲには今またファンがつきはじめている。たとえば、ブラッド・ピット。撮影以外のときでも、このヒゲを定期的に見せびらかしている。

最初に、顔の形を意識したナチュラルなカーブに沿って大まかな形を作ろう。そして、丸みをうまく出すために上部を作ろう。

La d'Artagnan
ダルタニアン

三銃士のヒゲ。先端が軽く曲がったフランス風の口ヒゲと、三角形にされたソウルパッチでできている。髪が長いときにむしろ目立つ。ソウルパッチを長くすればいっそうだ。このソウルパッチを作るためには、唇下のヒゲが生えるのを何日か待つ必要がある。次に、望んだとおりの幾何学的な図形になるよう両側を少しずつ短くし、最後に輪郭を剃る。

TAILLER
ET ENTRETENIR
SA MOUSTACHE
口ヒゲのカットと手入れ

ここでは口ヒゲをカットするための基本についてアドバイスする。必要に応じて、それぞれの口ヒゲのスタイルについている説明や、シェービングの章に書いた説明も参照してほしい。

Le matériel
indispensable du
moustachu
必要な道具

★ **口ヒゲ用ハサミ**：尖っている、口ヒゲの下ごしらえと仕上げのためのもの。
★ **口ヒゲ用コーム**：コンパクトで歯の細かいコーム。扱いにくい毛を押さえつけて口ヒゲをまとめるのに理想的。

LES CONSEILS DE JEAN
ジャンのアドバイス

電気シェーバー以外を使うなら、透明なシェービングオイルを使うことをおすすめする。シェービングのときに輪郭が見えるようになり、色の濃いムースによって形が隠れるという失敗を防げる。バリカンの場合は、使う前に顔を乾かしておくように。

Les premiers pas
はじめの一歩

きれいなヒゲを手に入れるいちばんシンプルな方法は、まず2週間ヒゲを伸ばしっぱなしにすること。全体的にカットが楽になる。
はじめに、口ヒゲの生え方と毛の向きを見よう。最初の口ヒゲとしては、ナチュラルをおすすめする。それで何週間か様子を見て、十分に生えてきて材料がそろったら、もっと凝ったものにしよう。

★ **口ヒゲ用ワックス**：初心者から脱するならこれ。ハンドルバーといった、形を固めなければいけないスタイルに不可欠。

★ **電動バリカン**：絶対必要だというわけではないが、初心者にはハサミを使うより簡単。細くまっすぐな輪郭を作ったり、ヒゲを薄くしたりするためにも使える。

★ **カミソリ**：替刃式カミソリや安全カミソリ、西洋カミソリや電気シェーバーといったいくつかの選択肢がある。最初はいちばん慣れたものを選ぼう。ただ、輪郭を正確に調整できる西洋カミソリに早めに慣れておくのがおすすめ。

❶ どんな口ヒゲにしたいか、顔を見ながら下絵を思い描く。必要なら、その下絵を指でなぞってカットの動きをイメージしてもよい。

❷ アタッチメントなしのバリカンか、使い慣れたカミソリを使って、頬と首をきれいにする。その際、口ヒゲの下絵から何cmか余白をとろう。

❸ 目標の輪郭に徐々に近づくように剃り進めていく。できあがりのラインに近づいたら、次の段階へ。

La technique de taille
カットのテクニック

クラーク・ゲーブルといった細かい口ヒゲや、ピラミダルのような派手な口ヒゲを選ぶなら、輪郭を作るためにアタッチメントなしのバリカンを使おう。それ以外の場合、十分に慣れているなら、ハサミを試してみてもよい。その際、スタイルに応じて以下のことを考慮する。

★ 口ヒゲの上の部分に関しては、毛の生え方を尊重するか、丸くするか、傾斜をつけるかという選択肢がある。

★ 口ヒゲの下の部分に関しては、唇のすぐ上にする。唇に下りてくる毛はハサミで切る。

★ 大きさに関しては、ある程度水平に広げるようにする。

★ 垂直方向に関しては、口角の高さへと下がるようにする。ほとんどのスタイルでは口角の 1mm 上にする。シェブロンとフー・マンチューでは口角の 1mm 下に。バイカーでは数 cm 下にする。

左右対称にするために、顔の両側から少しずつ小さな動きで進めていこう。切る動作を何回かするたびに、ときどき口ヒゲにコームをかけて、毛を見やすくする。
これであなたの口ヒゲの下絵ができる。あとは形を作るだけだ。

Styliser sa moustache
口ヒゲのスタイリング

ジェントルマンの持ち物である口ヒゲを丁寧に作りあげるのに、口ヒゲ用ワックスほど重要なものはない。
主に蜜蝋でできている口ヒゲ用ワックスは、毛をまとめて形を固めてくれるだけではない。栄養を補給して、ヒゲを守ってくれもする。

❶ まず、口ヒゲを少し湿らせ、ブラシかコームで形を作る。

❷ ワックスを少量取って、両手それぞれで親指と人差し指を小さく円形に動かしてこする。ワックスをあたためて、やわらかくするため。

❸ 中心から先端に向けて口ヒゲにつける。

もしハンドルバーにしたいなら、ねじを締めるように親指と人差し指を使って先端を固めよう。そして、輪っかを作るように曲げる。

L'entretien
手入れ

口ヒゲを立派に引き立たせるためには丁寧な
手入れが必要になる。

★ 逆立った毛にコームをあてて起こし、コー
　ムから飛び出た毛を切る。
★ もっと薄くしたい場合は、もっと深くコー
　ムでとかす。ただし、あとから濃くした
　くなっても、伸びるのに平均して１カ月
　かかることは覚えておこう。
★ 毛が生えている向きにコームで梳き、輪
　郭をハサミで整える。唇に飛び出た毛が
　あれば切りつつ、必要ならば何回も行う。
★ 口をきれいに見せたいなら、1mm ほど
　のすきまを上唇と口ヒゲのあいだに作る。
　先端だけでもいいし、口ヒゲ全体にわたっ
　てもかまわない。
★ 口ヒゲをもっとも美しく見せる舞台がほ
　しければ、顔に残ったヒゲも剃る。

毎日の手入れは、口ヒゲを生やしたジェント
ルマンの務めである。

口ヒゲ

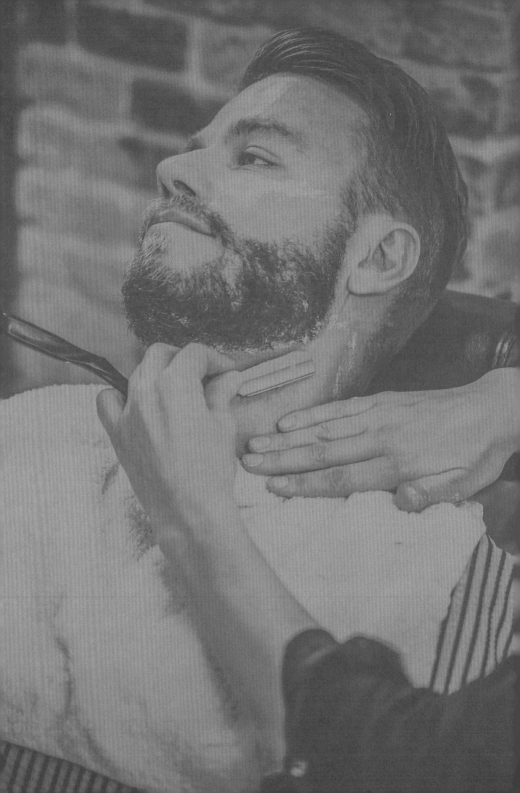

5

LE RASAGE

シェービング

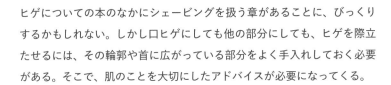

ヒゲについての本のなかにシェービングを扱う章があることに、びっくりするかもしれない。しかし口ヒゲにしても他の部分にしても、ヒゲを際立たせるには、その輪郭や首に広がっている部分をよく手入れしておく必要がある。そこで、肌のことを大切にしたアドバイスが必要になってくる。

LES TYPES
DE RASOIR
カミソリのタイプ

シェービングは何千年にもわたって行われてきた。かつてカミソリは、火打ち石や銅や鉄で作られた。現在よく使われているカミソリは、電気シェーバー、替刃式カミソリ、安全カミソリ（Ｔ字カミソリ）、西洋カミソリの4つである。

Le rasoir
électrique
電動式カミソリ
（電気シェーバー）

電気シェーバーには、回転式と往復式がある。選ぶ際に基準となるのは、ヒゲの毛質と、シェービングにどのくらい時間をかけられ

るかである。

回転式シェーバーは、フィリップスによって1939年に発明された。回転する刃がついた丸いグリッドでできている。このタイプはやわらかい肌に適している。1週間たったヒゲもすばやく正確に剃ることができる。とはいえ、肌が敏感だと赤くなることがある。とくに首がそうなりやすい。

往復式シェーバーには、長方形のヘッドがついている。そのヘッドに穴のあいたグリッドがついていて、グリッドの下で刃が振動する。毛がグリッドに入ると、斜めの刃によって切断される。ブラウンやパナソニックのシェーバーはこのシステムを採用している。このシェーバーは硬いヒゲ向き。回転式に比べてシェービングに少し時間がかかるが、肌が赤くなりづらい。

Le rasoir mécanique
その他のカミソリ

替刃式カミソリは、今もっとも使われている

Quand changer la lame de son rasoir ?
いつカミソリの刃を替えればいいの?

刃は、平均して5回から7回使える。だが、刃を交換するタイミングは毛のタイプにもよっても変わる。ヒゲが硬い場合は、頻繁に替える必要がある。一般的に、刃が引っかかるようになったときや、十分に切れなくなったときが、捨てるべきタイミングだ。

もののひとつだ。2枚以上の刃がついた、動くヘッドがある。メーカーが想像力を競い合い、改良が積み重ねられてきた。

刃は使い捨てなので、定期的に替える必要がある。ハンドルと刃が一体の全体がまるごと使い捨てになっているモデルも存在する。

伝統的なシェービングへの回帰とでもいうべき、他のモデルも存在する。安全カミソリと西洋カミソリである。

安全カミソリ（T字カミソリ）は、市場には

じめて出回ったカミソリだ。20世紀のはじめにキング・キャンプ・ジレットによって発明された。当時は最新だった使い捨ての細い刃を用いたこの商品は、市場で大勝利を収め、今も同じ名前の商品が販売されている。ライバルであった西洋カミソリは、定期的に研がなければならないばかりか、切り傷を作りやすかったからである。

西洋カミソリは、「まっすぐなカミソリ」「開いたカミソリ」「サーベル」などのさまざまな名前で呼ばれる。しかし、フランスの多くの理容師は「クープ・シュー（キャベツ切り）」と呼びたがる。19世紀まで歩兵が持っていた長さ50cmの短いサーベルに対する皮肉のこもった愛称だ。この剣は、その短さゆえに、戦争で使うよりキャベツを切るのに向いているとバカにされた。だが、これは伝統的な道具でもある。西洋カミソリを十分に研いで安全に用いるには、慣れが必要だ。

TRADITION
VS MODERNITÉ ?
伝統 vs 現代性？

それぞれのシェービング法に支持者がいる。それぞれのメリットとデメリットを見てみよう。

電気シェーバーを用いたシェービングは、約1世紀前に発明され、多くの人から支持されてきた。乾いた肌でもOK。シェービング前にムースやソープを使う必要がない。終わったあとに切り傷もできないし、赤みを引き起こすこともほとんどない（だからといって、

剃ったあとの儀式で肌を手入れすることが不要になるわけではない）。スピーディーなシェービングが可能だが、正確さという点では伝統的なシェービング法に劣る。

手作業でのシェービングは、もっと正確で優れたものだと見なされている。肌を湿らせてから行うので、水分によってヒゲと肌がやわらかくなり、はじめからカットが楽になる。そのうえ、仕上がりがきれいで、持続する。しかし、刃と肌が直接触れることで、切り傷、赤み、ニキビや埋没毛といった問題が生じることがある。それでも、剃ってから何週間かすると肌が自然に慣れてきてトラブルが減るということは覚えておこう。

LES BONS GESTES
POUR LIMITER
LES EFFETS
INDÉSIRABLES
トラブルを防ぐために

ほかの人より肌が繊細な人はいるが、それでも、いくつかの簡単な動作によって厄介事を避けられる。本書のアドバイスに従ってほしい。

À quel moment
se raser ?
いつ剃る？

朝、できれば朝食の前に剃ろう。咀嚼によって血が流れこむと、炎症のリスクが高くなる。電気シェーバーを使わずに剃る場合、毛と肌をあらかじめやわらかくしておくために、シャワーのあとに剃るとよい。

電気シェーバーで剃る場合は、シャワーの前、顔が十分乾いているときに剃る必要がある。そうすれば、硬い毛がグリッドに入りやすくなって、一度に剃りやすくなる。少し湿らせたアルム石（ミョウバン）を顔にあててもよい。収れん作用で肌が乾燥し、毛がまっすぐになる。

ヒゲの教科書

Comment éviter
les coupures et les
irritations ?
切り傷や炎症を避けるには?

すでに述べたように、シャワーのあとにヒ
ゲを剃ると、刃が通る回数が減って、肌が
赤くなるのを防げる。ヒゲが長すぎるなら、
先にアタッチメントなしのバリカンで刈れ
ば、刃が通る回数を減らすことができる。
シェービングオイルを使うのも効果的。肌
の皮脂膜とカミソリのあいだにバリアがで
き、ちょうどよいなめらかさになる。
さらに、ボウルに出したシェービングソー
プかシェービングクリームをブラシで泡立
てて使うのもおすすめ。
最後に、カミソリが引っかからないように、
できるだけ毛の流れに沿って剃るようにし
よう。

Comment éviter
l'apparition de poils
incarnés ?
どうやって埋没毛を防ぐ?

埋没毛は、肌の下に生えて外に出てこない毛
のこと。小さなニキビのように出現し、そこ
から化膿してしまうこともある。以下は、埋
没毛を避けるためのアドバイスだ。

★ 少なくとも週に1度は顔をピーリング
する。「スクラブ」「角質除去」とつい
ているのがピーリング用の商品だ。毛
穴を清潔にし、肌表面を薄くすること
で、肌やヒゲのトラブルを起こりにくく
してくれる。

★ クリームやバームを使って定期的に保湿
する。

★ 毛の向きに沿って剃る。

★ カミソリを強く押しつけないようにし、5
枚刃より2枚刃を使う。埋没毛は毛が短
くなりすぎたときにできやすい。

★ 本書のシェービングのアドバイスに従っ
て、刃を定期的に交換する。

Les conseils de Jean
ジャンのアドバイス

アルム石(ミョウバン)は、赤みを抑えて出血を防ぐのに最適。棒状になった「止血剤
ペンシル」という名前のスティックも市販されている。たいていの場合、切り傷はごく
表面的なものだが、出血が目立ってしまうこともある。まず、顔を冷水で洗う。それだ
けで肌の毛穴と血管が収縮する。次に、ティッシュペーパーでよく乾かし、水で出血が
ひどくなることを防ぐ。そしてアルム石を持ち、ほんの少しだけ湿らせて、小さな円を
描くように傷口に使う。少しチクチクするだろう。アルム石には消毒作用と収れん作
用があり、化膿を防ぎながら出血を止めることができる。

刃が当たる

毛が短く
なりすぎる

肌の下で
毛が伸びる

埋没毛になり、
ニキビができる

埋没毛が形成されるまで

LE RITUEL DU RASAGE À L'ANCIENNE

クラシック・シェービング という儀式

伝統を尊重したい、正確に剃りたい、節約したい。そういう人は理容師の手によるシェービングに興味を持つだろう。

お祖父さんの身の回り品を整理していて、折りたたみ式の切れ味がよさそうな奇妙な物体を発見したことはないだろうか？ それが西洋カミソリだ。とても正確に剃れ、赤ちゃんのようにツヤツヤの肌になる。そのうえ、経済的。1年も経てば、スーパーマーケットで定期的に刃を買い換えるより安上がりだと、多くの支持者が主張している。

この昔ながらのシェービング法を家で行うために必要不可欠な道具を見てみよう。西洋カミソリこそ、ヒゲの輪郭を正確に作りあげるためには最適な道具なのだということは忘れないように。

Le matériel
道具

Le coupe-chou
西洋カミソリ

本物の西洋カミソリは、時代を超えて存在し、未来世代へと引き継がれていくであろうユニークなもの。先祖伝来のこの道具は、いまだに世界じゅうで使われており、各部に以下のような名前までつけられている。

西洋カミソリの刃は、それだけを見ても、この図に書ききれない多くの特徴を持っている。

切っ先について：刃の先端にはいくつもの形

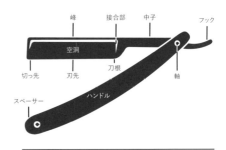

西洋カミソリの用語

がある。丸形（フランス式）、直角形（直線式）、少し凹んだ形（スペイン式）などである。フランス式は、けがをする心配をあまりせずに顔全体を剃れるため、初心者におすすめ。刃先が角張ったものは、届きづらい部分を剃り、正確な輪郭を作りたいときにうってつけ。ただし、角張った部分で誤って肌を切りやすい。重さが変わるので、刃の空洞は重要だ。扱いやすさと肌を滑る際の慣性とのバランスを考えると、はじめは半分くり抜かれたものがおすすめだ。

サイズは、1/8 プス（メートル法以前の単位で、1 プスは約 2.7cm）という単位で表示される。これが刃の大きさを示すとともに、重さにもかかわってくる。5/8 がもっとも一般的で初心者向け。より細い 4/8 はヒゲの輪郭を作ったり口ヒゲをカットしたりするのに適しているが、ムースをたくさん消費するので、頻繁に水洗いしなければならない。

4/8 以下は、髪のテーパーカット（毛先をそいで細くするカット方法）に用いられる。

材料の鉄には、たいてい以下の 2 種類が使われている。

★ ステンレス鋼は硬く研ぎづらいが、長い期間、切れ味を保つことができる。

★ 炭素鋼はより軟らかく研ぎやすいが、切れ味を保つために定期的な手入れが必要。

道具をそろえるには 100 ～ 150 ユーロほどかかる。

Comment obtenir une lame bien tranchante ?
どうやってよく切れる刃を手に入れる?

本物の西洋カミソリは切れ味がよい。毛に引っかかることなく肌の上を滑り、剃り進めることができる。

「Shave Ready」と書いてある市販のカミソリはすぐに使える。何も書かれていなければ、使う前に準備が必要。いずれにせよ、毎回シェービングの前にカミソリを手入れしよう。

研ぐことにも 2 種類ある。ひとつは、きめの異なる石でカミソリを研ぎ、カミソリの刃を作り直したり手入れしたりすること（年に 1 度程度）。もうひとつは、刃を鋭く保ち、刃の両面に整った面を作るために、特別な革で研ぐことだ。

はじめて使うときは、忍耐強く革でカミソリを研ぐことから始めよう。革のざらざらした面に西洋カミソリの研磨用のペーストをあらかじめ薄く塗り、150 回。続いて、ペーストなしの反対側のなめらかな面を使って 150 回。毎日の手入れとしては、30 回から 40 回繰り返せばこの「サーベル」の切れ味を保つことができる。

もしより正確な情報を、とくに必要な道具や研ぐ動作について知りたければ、以下のページ（www.barbechic.fr）を見てほしい。あるいは、「Coupe-Chou Club」の掲示板でファンに助言を求めてみてほしい。

La shavette
替刃式ストレートカミソリ（シャヴェット）

クラシック・シェービング愛好者のあいだ
で、替刃式ストレートカミソリはよくけなさ
れている。時を超えて存在し、人間の手で
研ぐという伝統的な道具と違って、性能が
よくないというわけだ。とはいえ、経済的
で、初心者にはちょうどいい。リーズナブ
ルな予算（10 〜 20 ユーロ）で、切り傷を
作る恐れもあまりなく（刃が 0.5mm を超え
ない）、クラシック・シェービングの動作を
体験することができる。

替刃式ストレートカミソリは、西洋カミソリ
の形で、替刃（安全カミソリの刃をふたつ
に割ったような形状）を入れて使う。昔な
がらのカミソリのように革で研ぐ必要はな
い。理容師にも支持されている。正確に剃
ることができ、しかも衛生的だからだ。新
品を使っていることがわかるように、利用
客の目の前で刃を替えるようだ。

Le blaireau
シェービングブラシ

先端がふくらんだこの小さな筆は、シェー
ビングのために肌を準備するのに不可欠。
このブラシで泡をなめらかにして顔全体に
均一に塗り、毛を立たせられる。

アナグマの毛で作られたものがいちばんい
い。実際、天然の毛でできたものは、よく
水を含み、きれいに泡立ててくれる。動物
愛護主義者には、人工の毛でできたブラシ
もある。最近開発され、性能もいい。

ブラシの寿命を延ばすために、ブラシを置
く台にも何ユーロか投資しよう。先端を下
にして置くと、ブラシは自然に乾き、カビ
の発生やカルキ汚れが付着するのを防げる。

Le savon à barbe
シェービングソープ

シェービングボウルのなかに入ったシェー
ビングソープは、ゆっくりとしたヒゲ剃り
に最高のアイテム。

いい泡は毛を起こし、刃が通るときの滑り
をよくする。シェービングクリームという
選択肢もある。泡立てやすく、厚い層になる。
ただし、シェービングソープより使用期限
が短い。

La pierre d'alun
アルム石（ミョウバン）

天然のアルム石の収れん性は何年も前から
知られている。カミソリ負けを防ぎ、小さ
な切り傷からの出血を止めてくれる。小さ
な傷にはスティックタイプを。

La préparation
シェービングの準備

準備は、シェービングと同じぐらい大切だ。次のアドバイスを参考にしてもらえれば、シェービングのトラブルがなくなり、（ほとんど）完璧な成果が得られる。

① 不純物と皮脂を取り除くために顔をきれいにする。ピーリングをしてもよい。そうするとシェービングの効果は最大になる。

② シェービングブラシをぬるま湯に浸し、毛穴を開いて毛をやわらかくするために、顔を湿らせておく。

③ シェービングブラシに染みこむよう、シェービングソープをシェービングブラシでかき混ぜる。上下の動きを加えることで、十分に厚い、よい泡ができる。

④ ブラシを毛の反対方向に垂直に動かしながら、剃る場所に泡をたっぷりつける。毛根に染み込ませ、毛をやわらかくする。

⑤ 刃の滑りをよりよくするために、シェービングオイルを使ってもよい。

Le passage du rasoir
シェービング

カミソリは切れ味がよいから気をつけて扱わなければいけない。カミソリを手に取る前に、このことをよく確認しておこう。

★ まわりが静かであることを確認する。シェービングは休息の時間ではあるが、集中することを要求する。たとえば、この儀式の最中に子どもの面倒を見るとか、朝、遅刻しかねない時間に焦って行うといったことは避けよう。

★ 急な動きはしないように。肌や傷口にカミソリがはさまったら、それ以上動かさず、ゆっくりと戻そう。

★ 動いていない刃のほうが、動いている刃より危ないことを忘れない。手を止める理由がなければ、ゆっくりと動かしつづけよう。手を止めたときに、肌を切る危険性がある。

★ 刃を押しつけたり、ナイフを使うときのように刃と同じ向きに動かしたりすることは厳禁。肌を深く切る恐れがある。

★ この先祖伝来のシェービングをする前に、わからないことがあったら、遠慮せず理容師に相談して教えてもらおう。

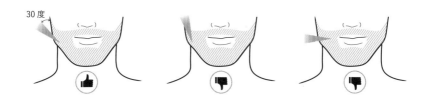

刃の角度

ついにシェービングの瞬間がくる。あらかじめ、肌が乾いているうちに、毛の生えている向きともっとも濃く生えている場所を確認しよう。

❶ 西洋カミソリを握り、ハンドルを上に向ける。薬指をフックに、人差し指と中指は中子にかけて、刃を直角にする。

❷ 刃と顔の角度に気をつける。30度がよい。肌にぴったりついていると毛が切れない恐れがある。直角に入ると肌を切ってしまう。

❸ 頬からシェービングを始める。毛の流れに沿って行う。つまり、少し斜めの方向に、顔の上から首のほうに向かって剃る。切り傷のもとになるシワをなくして毛をまっすぐにするために、顔の肌をぴんと張ることが大切。

❹ 同じことを首にも行う。肌をぴんと伸ばし、毛の生えている向きに沿って剃る。たいていは下から上に向かって生えているので、まずは首の下から真ん中まで剃り、次に、上から下へ、あごから首の真ん中まで剃る。

❺ あごと口ヒゲは横向きに剃る。右利きなら左から右に、左利きなら右から左に剃る。

ほかの部分についても同じように剃ろう。
重要な部分については、とくに気をつける。たとえば、口角、えくぼ、口ヒゲ、あご、のどぼとけなど。
また剃る必要があれば、顔を水で濡らし、泡をつけ直して、毛を逆なでするように剃ろう。

毛が生える向き

L'après-rasage
シェービング後

刃が顔の上を通るときは、毛が切断されるだけではなく、肌の表面も切られることになる。肌を乾燥やバクテリアから守っている皮脂層も傷つき、炎症や小さな傷ができることもある。その場合、顔を冷水ですすぐか、冷たい濡れタオルで拭こう。もし小さな傷ができたり出血したり赤くなったりしたら、少し湿らせたアルム石（ミョウバン）を使おう。次に、毛穴を開かせてから、アルコールの入っていないアフターシェーブバームを塗ろう。毛穴を開かせるには、理容室でやっているように、お湯か、ぬるま湯に浸したタオルを顔にあてるとよい。

熱心な人のなかには、アフターシェーブバームの代わりに、もしくはその追加として、肌を乾燥させ、落ち着かせるために、ベビーパウダーを使う人もいる。しかし、ベビーパウダーは毛穴を詰まらせてしまうこともある。

★★★6★★★

PRENDRE SOIN DE SA BARBE ET DE SA PEAU

ヒゲと肌のケア

ヒゲはデリケートだ。耐久力を高め、ツヤを与え、やわらかくする毎日の行動によって、かろうじてバランスが保たれる。髪と同じように、ヒゲも、洗い、ブラシし、保湿する必要がある。

ヒゲの形をいい感じにするのは結構なことだ。しかし、手入れをさぼったら、せっかくの努力も気づかれないままで終わってしまう。顔の肌は脆弱なので、特別に関心を注がなければならない。

ヒゲと肌をケアするために不可欠な6段階を見ていこう。

SHAMPOUINER SA BARBE
ヒゲをシャンプーする

ヒゲは1日じゅう汚れを集めている。フランス式のビズ（挨拶の軽いキス）をしたとき、食事したとき、喫煙したとき、何気なく顔を触ったとき、ヒゲに不純物がつく。ヒゲを健康にし、絹のようなやわらかさを手に入れるために、きれいにしよう。

Le choix du shampoing
シャンプーのチョイス

まず、ヒゲ用のシャンプーを選ぼう。売っているシャンプーの多くには、洗い落とすための成分（洗浄成分）、泡立てるための成分、保存料、添加物が含まれている。この科学的組成によって、頭皮を磨き、過剰な皮脂を取り除く。

この成分構成では、ヒゲと顔の肌に対して研磨作用が強すぎる。顔の肌は脆弱で、髪用シャンプーを頻繁に使うことはおすすめできない。

十分に穏やかなケアの方法を選んで、肌と目のまわりを大切にしなければならない。自然由来の成分を使用した、ヒゲ用のシャンプーを使おう。

「オーガニック」とラベルのついたものもあるが、化学製品が入っていないことを確認するために、一応成分表示を確認しよう。

ヒゲは鼻の下にあるのだということも忘れてはいけない。好きな香りのものを選ぼう。顔とヒゲ両方に使えるという触れこみのソープを選んでもいい。

成分表示をよく見て、エステル、シリコン、パラベンが入っているものは避けよう。

Le lavage
洗い方

1. ヒゲと顔をぬるま湯で湿らせる。
2. シャンプーをヒゲ全体に使う。
3. 円を描くようにマッサージする。肌や、ヒゲによって隠された部分にも届くように気をつける。
4. 何分か放置する。その後、たっぷりのぬるま湯で落とす。
5. ヒゲがカールしがちだったり、肌や毛が脂ぎっていたりするようなら、もう少し冷たい水で洗う。一般的に、熱すぎるお湯は肌を刺激し、ヒゲの毛を弱くする。
6. タオルでぽんぽんとたたくか、ヘアドライヤーを使って、ヒゲをよく乾かす。ドライヤーを使う場合、十分な距離をとって使う。
7. 以上を週に3回は行う。

NETTOYER SON VISAGE
顔のクリーニング

一般に、朝と夜の2回顔を洗うことが推奨されている。実際、顔のクリーニングによって、皮脂や汚れといった不純物が肌から取り除かれる。一石二鳥をねらうなら、顔・ヒゲ用の特別のソープを使うのもありだ。
ついでに、週に少なくとも1回はピーリングをするとよい。

Le saviez-vous ?
知ってる?

自然由来の成分が入ったシャンプーを使うと、泡立たないことがある。それは、泡立ち成分（目に刺激が強いことがある）が含まれていないからだ。しかし、泡立たないからといって洗顔できないなんてことはないし、泡立ち成分が含まれていないほうが洗顔の結果もよいものになる。

Qu'est-ce
qu'un gommage ?
ピーリング（ゴマージュ）とは?

ピーリングは、研磨用の小さな粒が含まれた洗浄用ジェルで行う。小さな粒がこすれることで肌が輝くのだ。男性が怠っていることの多い、この週1回のケアには、いくつものメリットがある。

★ 肌を深く掃除し、不純物を減らす。

★ ヒゲに対して行うと、角質を取り除ける。角質は毛の下にたまり、かゆみを引き起こすことがある。

★ 剃り終わった肌に行えば、埋没毛やニキビを防げる。

ピーリングには「角質除去」「ゴマージュ」「スクラブ」とついたジェルを使おう。「顔専用」と書いてあるものがとくにおすすめ。体向けのピーリング商品は、顔には強すぎる。

COIFFER SA BARBE
ヒゲをセットする

均一なヒゲにするために、毎日セットしよう。毛は静電気に反応しやすく、それによって逆立ってしまう。寝癖のようなヒゲになるのを防ぐには、よい道具をそろえることが重要だ。化学製品でできたコームではなく、自然の材料でできたものを。ヒゲ用のブラシは自然材料の動物の毛でできたものがよい。最適なのは猪の毛だ。毛が硬く、いくつかのメリットがある。

★ ヒゲをよく解きほぐし、ツヤを出し、めっきしてくれる。それがいい出来栄えにつながる。

★ 角質を浮き立たせ、不純物の取り除かれた肌を活性化させる。

★ ブラッシングの動作が肌の皮脂の分泌を促し、肌の乾燥を防ぐ。

定期的なブラッシングで毛根を刺激すると、ヒゲが速く伸びるようになることを、忘れないように。

Au quotidien
毎日のセット

❶ ブラシをかけるのは、ヒゲが乾いている とき。湿っているヒゲに対してのブラッシングは毛にダメージを与えてしまう。

❷ 梳くのは、表面の毛の流れに沿って、できるだけ大きな動きで。

❸ 顔の肌の調子がよくなるように、しっかりとマッサージする。

❹ 1日の途中でもセットし直せるように、小さなコームを持ち歩く。

LES CONSEILS DE JEAN
ジャンのアドバイス

ビアードバームはオイルよりも固く、ヒゲをまとめてくれる。

LISSER SA BARBE
ヒゲにツヤを出す

ヒゲにツヤを出すための技術として、髪と同じように、ブローすることが挙げられる。

❶ ヒゲをシャンプーで洗う。冷たい水で流すこと。毛穴が引き締まり、保護される。

❷ 乾いたヒゲをいきなりブローするのは避ける。ヒゲが弱くなってしまう。ヒゲは湿らせてから、大雑把にタオルでたたくこと。ツヤ出しをする前の乾いたヒゲにビアードオイルを使ってもいい。

❸ 猪の毛のブラシを手に持つ。できれば丸い形のものがいい。

❹ ヘアドライヤーを、いちばん低い温度か「スカルプモード」に設定する。

❺ 毛の向きに沿ってブラッシングを始め、ドライヤーはブラシと直角にあて、十分な距離を取る。

※顔に近づきすぎないようにしよう。ヒゲや肌を焼いてしまうことがある。

❻ 乾かしながらブラシを下のほうに滑らせる。次に、下から上にブラシを動かして、毛根を伸ばしてヒゲの下のほうを乾かす。

❼ それぞれの部分について、この動きを2～3回繰り返す。

❽ 毛の保湿のために、ドライヤーの通ったところにビアードオイルを塗って終わりにする。

ヒゲを傷めないために、ブローはほどほどに。週1回までにとどめるのがおすすめ。

NOURRIR SA BARBE
ヒゲに栄養を補給する

ヒゲの毛はデリケートなので、バランスを維持するには栄養を補給し、抵抗力とやわらかさをつけなければいけない。

そのためには、エッセンシャルオイルと植物性オイルを含んでいて、毛に栄養を与え、毛を保護し、やわらかくする効能を持つビアードオイルを使うとよい。繊細な香りを持つ高級なオイルも市販されている。

ビアードバームという選択肢もある。栄養を与えるだけでなく、逆らう毛を整え、毛を均一にし、セットしやすくする。

❶ オイルを1滴、もしくはバームを指でひとすくいとり、手のひらに伸ばす。

❷ 手をこすりあわせ、オイルやバームを広げ、少しあたためる。

❸ 円を描くように手を動かしながら、マッサージする要領でヒゲ全体に広げる。

❹ ヒゲの奥の肌にもしっかり塗る。

カミソリ負けしないように、オイルやバームを首に塗ってもよい。

最高の結果を得たいなら、毎日やるのがベストだ。

LES CONSEILS DE JEAN
ジャンのアドバイス

オイルやバームを使うのは、できればシャンプー、シャワー、ヒゲの手入れのカットのあとで。シャワーの熱によって毛穴が開き、深い保湿が可能になる。オイルをヒゲ全体に広げるためにブラシを使うという手もあり。

HYDRATER SA PEAU
肌を保湿する

多くの男性は肌のケアを忘れがち。カミソリやバリカンが肌を通ったとき、寒さや太陽光にさらされたとき、表皮は脆弱になり、赤みや乾燥が引き起こされる。塩素入りの水に浸かったせいで激痛が走ることもめずらしくない。

治すには、毎日肌をケアしなければいけない。シャワーやシェービングのあとといった、肌が清潔で少し潤っているときがベストタイミング。毛穴が広がっていて、保湿の効率も最大になる。

短い3日ヒゲ（無精ヒゲ）なら、保湿用バームもしくは保湿用クリームを顔全体に使える。クリームを浸透させるために顔をマッサージしよう。ヒゲにクリームのかたまりが残ってしまわないように気をつけること。ある程度ふさふさのヒゲなら、ビアードオイルがおすすめ。ヒゲで覆われた肌にも浸透してくれる。額、頬、鼻、首といったヒゲで覆われていない部分については、顔用のクリームを。とくに首は敏感で、シェービングによってダメージを受けやすい。

敏感肌なら、保湿用やアフター・シェービングと書いてあるクリームやバームを選

び、アルコールが含まれているジェルやローションを避けること。多くの男性向け製品で、アルコールは消毒や爽快感、収れん性のために使われている。そのため、刺激が強いうえに乾燥させる働きがあるので、チクチクした感じや、赤み、皮膚炎のもとになる。

化学物質に対して敏感な人は、自然由来の製品があることを忘れないように。成分として含まれている植物性の油や脂肪には、リラックスさせる作用、殺菌作用、さらには栄養豊富で回復も促す作用があることが昔から知られている。シアバターや蜜蝋やアロエベラが用いられている。

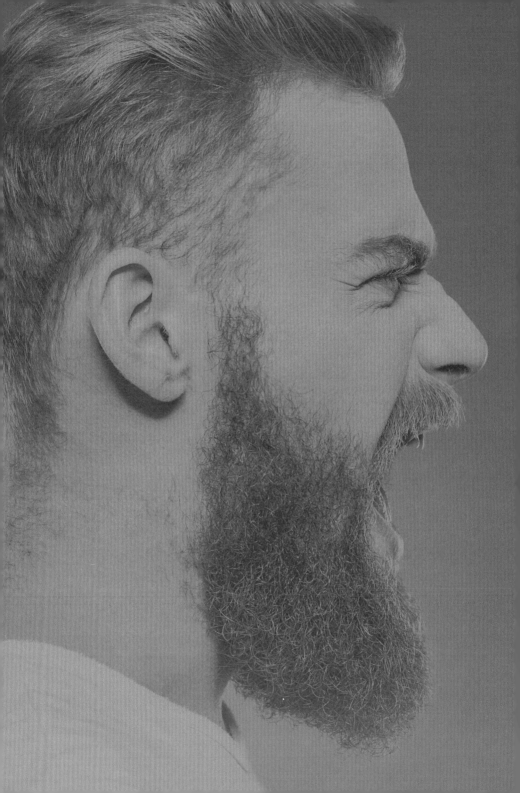

★★★ 7 ★★★

AU SECOURS!

困ったときの Q&A

よく手入れされた美しいヒゲを持つのは気分がいい。しかし不幸にも、ヒゲにはときどき問題が起こることがある。パニックになる必要はない。この章では、よくある心配事に対する解答をお教えしよう。

MA BARBE ME DÉMANGE
ヒゲがかゆいとき

ヒゲを生やしている男性の多くは、かゆみに悩まされる。その原因は多岐にわたる。よくあるケースとその解決法を見てみよう。

ヒゲを生やしはじめたばかりのときは？
まず、少しかゆくなるのは普通のことだと認識してほしい。実際、はじめてのヒゲは硬くなる。曲がりはじめた毛が顔の肌とこすれ、チクチクする。一般に、この状態が過ぎ去るまでに何日か待つ必要がある。

すでにヒゲがふさふさなら？
ブラシを使って角質を顔から取り除き、洗って、保湿する（第6章「ヒゲと肌のケア」を参照してほしい）。

それでもかゆみが続く場合は？
たぶん自分の顔に合っていない製品を使っているのだろう。自分の肌に合うものを見つけるために、使うものを変えること。よりマイルドで、アルコールが含まれていないものをおすすめする。
それにもかかわらずかゆみや赤みが続くようであれば、皮膚科に相談しよう。

MA BARBE EST DURE
ヒゲが硬いとき

ヒゲにも髪質と同じぐらい種類がある。髪が太い人がいるのと同じことが、ヒゲにもあてはまる。

ヒゲの生やしはじめだったら？
硬いのが普通だ。ヒゲは人によって異なるが、無精ヒゲなどの短い毛が硬いということに関しては、個人差はない。やわらかくなるまで、もう少し伸びるのを待ってみよう。

もう少し伸びているのに硬かったら？
定期的にブラッシングして、オイルで保湿すること。ビアードバームもおすすめ。逆らう毛に対してとくに有効だ。バームは濃いので、保湿しながらヒゲを整えられる。

MA BARBE
EST IRRÉGULIÈRE
OU CLAIRSEMÉE
ヒゲがまばらなとき

毛の生え方は人によって異なる。ホルモン
と遺伝が毛の生え方に影響を与える。場所
によってヒゲがあまり生えなかったり、不
規則な生え方をしたりしている場合、いく
つかの可能性がある。

カットの技術は十分？
毛が生えてない部分を埋め合わせ、密度が
濃い部分の印象をやわらげるために、より
短くカットしよう。

そのヒゲのスタイルの選択は合っている？
ヒゲがまばらだったり、不規則だったりす
る場合は、それに合わせる必要がある。薄
い部分のまわりのヒゲをあらかじめ伸ばし
ておき、均一にするためにまとめてコーム
で梳いてみよう。そして、自然な生え方に
合うスタイルを楽しもう。まわりの意見を
積極的に聞きながら、いくつかの長さやス
タイルを試すのだ。理容師にアドバイスを
求めるのもいい。
とはいえ、いちばんのおすすめは、生えて
ない部分を受け入れることだ。欠点を隠そ
うとする努力によって、最終的にもっとその欠
点を目立たせてしまうことがある。逆に、ヒ
ゲの輪郭に作った別のディテールや、かわい
らしい口ヒゲに視線を集めれば、不完全な部
分の存在を忘れさせることができる。

MA BARBE
EST SÈCHE
ヒゲが乾燥しているとき

ヒゲが乾燥して、
稲わらみたいになってしまった？
それなら保湿が必要だ。まず、シャンプーの
頻度を減らそう。シャンプーは毛の自然な保
湿に必要な皮脂を奪ってしまうのだ。もしド
ライヤーをいつも使っているなら、距離を取
り、温度を下げること。また、とにかくビアー
ドバームかビアードオイルを毎日使うのも効
果的。第6章「ヒゲと肌のケア」を参照し
てほしい。

バカンスではどうする？
夏は、太陽光・海・プールという夏の三大要
素によって変化が生じる。
陽にあたり続けると、ヒゲが生えている肌
がダメージを受け、肌の乾燥やヒゲの脱色
が起きる。水中の塩素や塩分も、肌を乾燥
させ、皮脂を奪って毛の生え方を弱くする。
なので、1年間続けてきた手入れのための
努力を無駄にしないために、ヒゲをそれら
の要素から守らなければならない。
いくつかのアドバイスとコツを伝えよう。
紫外線から身を守るには、日焼け止めのオ
イルやスプレーを普段から使うとよい。帽
子を持ち運び、肌に有害な効果をもたらす
正午から夕方4時までのあいだの日光浴を
避けるのもおすすめ。
塩素と塩分に関して、どうしても水に頭か
ら潜りたいなら、次のことを守ろう。

LES CONSEILS DE JEAN
バカンスでよいヒゲを保つためのキット

・日焼け止めのオイルかスプレー
・気の利いた帽子
・ヒゲ用のシャンプー
・ビアードバームかビアードオイル
・ヒゲ用の小さなブラシ

まず、水に入る前に……
★ 日焼け止めオイルを使う。毛のまわりを
　防御する盾になってくれる。
★ シャワーを使って、ヒゲに真水を染み込
　ませる。水をふんだんに含んだ毛は塩素
　や塩分を吸収しにくくなる。

水から出たら、
★ 何分かかけてヒゲ、髪、顔を洗う。
★ 日中の活動が終わったらシャンプーし、
　ヒゲにオイルを染み込ませる。
★ 最後に、ナイトライフに備えてよくブラ
　シする。

MA BARBE A TENDANCE À ROUSSIR OU BLANCHIR
ヒゲが赤かったり白かったりするとき

**ヒゲが赤い？ 多くの男性は、たとえば髪が
きれいな茶髪でも、ヒゲが銅色だったり赤
褐色だったりすることがある。どういうこ
となのだろうか。**
みんな同じような展開をたどる。ヒゲが生
え、ある程度の長さに達すると、赤く反射
するようになる。この赤は、はじめは太陽
光の下でだけ見えるが、時間が経つといっ
そう銅色っぽくなる。頬ヒゲでいっそうそ
れが目立つ。
「赤毛じゃないよ！」という主張はもう聞い
た。それは、正しいように思えるが、まるっ
きり正しいわけではない。おそらく半分し

か正しくない。この現象を理解するために、
研究者たちは DNA に、とりわけ 16 番染色
体に存在する遺伝子に注目した。この遺伝
子が 2 回現れると、髪の毛まで赤くなる。1
回しか現れないと、体に赤い毛が生える可
能性が出てくる。もしこの遺伝子がなけれ
ば、銅色の毛が生える可能性は低くなる。
とはいえ、遺伝学ですべてが説明されるわ
けではないので、ヒゲの色は、太陽光を浴
びたりセルフタンニングクリームを塗った
りといった他の要素の影響を受けるのだと
いうことは覚えておいてよい。

ヒゲに白髪が混ざっている？

どんな年齢でも、ヒゲのなかに白い毛が生えてくることがあり、30歳になっていないのに生えてくることもめずらしくない。髪と同じだ。白髪があると、時の流れについて考えさせられるものだが、このプロセスはまったく自然なもので、遅かれ早かれ誰もが直面することになる。

それでも、ストレスや遺伝や鉄分不足といった他の要素によって、白髪が生えるのが早くなるということはあるようだ。

今は数が少なくて抜くのが大変だとしても、時が経つとそれを隠すのがだんだん難しくなることは覚えておこう。

対策は？

髪と同じように、ヒゲを染めるためのカラーリング剤がある。自然な見た目になる色を見きわめる必要がある。その際、毛根のケアを忘れないこと。ご存じのように、ヒゲは伸びるのが速い。

髪のためのカラーリング剤を使うことは、絶対に避けること。ヒゲの毛は太く乾いているために、染まりにくい。ヒゲは、髪より低い密度で生えているため、髪のための製品は顔の肌も染めてしまう。毛を染めやすく、顔の肌にやさしい、ヒゲ専用のカラーリング剤を使おう。

受け入れてしまうのはどう？

ヒゲの色を受け入れようと決意することもできる。誇りに思うことはできないだろうか。あなたの個性になるし、それによって手入れのわずらわしさからも解放されるのだから。安心してほしい。「ごま塩」とでもいうべき白髪交じりのこのルックスのファンは多い。

MA TAILLE DE BARBE EST RATÉE
ヒゲのカットに失敗したとき

バリカンやカミソリを使っているときに、変に動かしてしまい、不ぞろいのヒゲになってしまうことがある。

美しいヒゲとは、左右対称のヒゲのことである。形か長さを整えて、バランスを取り戻さなければならない。そのためには……

★ バリカンのアタッチメントを調整して、ヒゲの長い部分と短い部分を交互に切り、ヒゲのカットをそろえる。

★ 場合によっては、失敗を利用して別のスタイルにする。

★ まっすぐにしようとした部分をゆるやかなカーブにするなど、輪郭を変える。

★ 最終手段として、とても短くするか、まるごと剃る。少し辛抱すれば、何日かあとにまた次のスタイルを試すことができる。

CARNET D'ADRESSES
バーバーリスト

FRANCE
フランス

AIX-EN-PROVENCE
エクス=アン=プロヴァンス

Cooper's Cut Shop
クーパーズ・カット・ショップ
11 rue Paul Bert

Figaro Coiffure
フィガロ・コワフュール
1 cours Gambetta

Salon Renaissance
サロン・ルネサンス
35 rue Cardinale
www.salonrenaissance.fr

ThierreeZ Barbershop
ティエリーZ・バーバーショップ
19 rue Aumône Vieille
www.thierreez.com

AJACCIO
アジャクシオ

Jordan Coiffeur & Barbier
ジョルダン・コワフール＆バルビエ
88 rue Fesch

ANGERS アンジェ
Gaultier ゴルチエ
8 avenue Denis Papin

ANTIBES アンティーブ
JP The Barber « Shop »
JP・ザ・バーバー〈ショップ〉
21 rue du Général d'Andréossy

ARRAS アラス
Le Salon Pascal Becuwe
ル・サロン・パスカル・ベキュ
119 rue Méaulens
www.lesalonpascalbecuwe.fr

AUBAGNE オーバーニュ
Le BarberShop ル・バーバーショップ
5 rue Lucienne Tourrel

AUXERRE オーセール
Germain Coiffure
ジェルマン・コワフュール
9 rue Joubert
www.fcornillon.com

AVIGNON アヴィニョン
Maeen's Barber Shop
マイーンズ・バーバー・ショップ
5 place des Carmes

Sterling Barber Agreement
スターリング・バーバー・アグリーメント
11 rue des Trois Faucons

BASTIA バスティア
La Mauvaise Adresse
ラ・モヴェーズ・アドレス
1 rue Jardins

BAYONNE バイヨンヌ
Aux 3 fauteuils
オ・トロワ・フォトゥイユ
18 avenue du Maréchal Foch
www.aux3fauteuils.com

BEAUNE ボーヌ
Sébastien Roussac
セバスティアン・ルサク
47 rue Maufoux
www.sebastien-roussac-coiffeur.fr

BLOIS ブロア
Mister Kutter ミスター・クター
27 rue Saint-Lubin
www.misterkutter.com

BORDEAUX ボルドー
David Bouchilloux
ダヴィド・ブーシュー
320 cours de la Somme
www.coiffeur-barbier-bordeaux.com

La Boucherie
ラ・ブシュリー
36 cours Evrard de Fayolle

Le Coupe-Chou
ル・クープ=シュー
9 rue Buhan
www.lecoupe-chou.fr

BOURG-EN-BRESSE
ブール=カン=ブレス
Greg Barbier グレッグ・バルビエ
26 rue de la République

BOURGES ブールジュ
Monsieur Taureau ムッシュー・トロー
16 rue du Four au Roi

BREST ブレスト
Gentlemen Only
ジェントルメン・オンリー
24 rue François Verny
www.gentlemen-only.fr

BRUZ ブリュ
Coif'man コワフマン
3 place de Bretagne
www.coifman-coiffeur-barbier.fr

CAEN カーン
Sookie Barber Shop
スーキー・バーバー・ショップ
6 quai Hamelin

CALAIS　カレー

Barbara Coiffure
バルバラ・コワフュール
8 rue Royale
www.coiffeur-barbier.com

Nicolas Roches
ニコラ・ロッシュ
60 Boulevard Jacquard

CANNES　カンヌ

Barb'Hair Shop
バーブヘアー・ショップ
21 boulevard Carnot
www.barbhairshop.fr

CARCASSONNE
カルカソンヌ

Au Masculin
オ・マスキュラン
1 place du Général de Gaulle

CÉRET　セレ

Abat Coiffeur Barbier
アバ・コワフール・バルビエ
58 rue Saint-Ferréol

CHAGNY　シャニー

Le Mâle coiffé
ル・マール・コワフェ
10 rue du Bourg

CHAUMONT
ショーモン

Stéphane Vernière
ステファン・ヴェルニエール
12 rue Victor Mariotte
www.csverniere.com

CHERBOURG
シェルブール

Zalla Barbershop
ザラ・バーバーショップ
39 rue au Blé

CHESSY　シェシー

For Men Val d'Europe
フォー・メン・ヴァル・ドゥーロップ
4 rue d'Ariane
www.formeninstitut.fr

CLERMONT-FERRAND
クレルモン=フェラン

L'Atelier du Barbier
ラトリエ・デュ・バルビエ
13 bis rue Georges Clemenceau

CONCARNEAU
コンカルノー

La Loge ラ・ロージュ
10 rue Laennec
www.la-loge-coiffure.fr

DIJON　ディジョン

Max'Coiffure マックスコワフュール
9 place Saint-Michel

DUNKERQUE
ダンケルク

Comptoir de l'Homme
コントワール・ド・ロム
19 rue du Sud

ÉVREUX　エヴルー

Vision Coiffeur Barbier
ヴィジョン・コワフール・バルビエ
11 rue Saint-Sauveur

FRÉJUS　フレジュス

Sc coiffure mixte
Scコワフュール・ミクスト
18 avenue de Port Fréjus

GAP　ギャップ

L'Atelier des Vilains Garçons
ラトリエ・デ・ヴィラン・ギャルソン
3 rue du Cheval Blanc

GRENOBLE
グルノーブル

Hervé Rateau BarberShop
エルヴェ・ラトー・バーバーショップ
64 bis cours Jean Jaurès

Salon Windsor サロン・ウィンザー
4 place Gustave Rivet

HYÈRES　イエール

Barbershop l'Atelier
バーバーショップ・ラトリエ
11 rue Massillon

LA ROCHELLE
ラ・ロシェル

L'Homme ロム
52 rue Chaudrier
www.l-homme.fr

LE CRÈS　ル・クレ

HOM-coiffeur barbier
HOMコワフール・バルビエ
11 avenue de Castelnau

LE HAVRE　ル・アーヴル

Nicolas Legrix BarberShop
ニコラ・ルグリ・バーバーショップ
16 rue Guillaume de Marceilles

LE MANS　ル・マン

Flo le Salon
フロ・ル・サロン
11 place du Hallai

LEVALLOIS　ルヴァロア

Michel Dervyn Levallois-Perret
ミッシェル・デルヴァン・ルヴァロア・ペレ
19 rue d'Alsace
www.micheldervyn.fr

LILLE　リール

Bliss Pour l'Homme
ブリス・プール・ロム
12 rue de la Chambre des Comptes
www.blisspourlhomme.com

L'Atelier du Barbier
アトリエ・デュ・バルビエ
34 rue de la Barre

LIMOGES　リモージュ

La Moustache de Gaston
ラ・ムスタッシュ・ド・ガストン
11 avenue Saint-Éloi

LYON　リヨン

L'Atelier Vintage
ラトリエ・ヴィンテージ
21 rue de la Part-Dieu
www.lateliervintage.fr

Le 20 Barbershop
ル・20・バーバーショップ
20 place de la Croix-Rousse

Little Barber リトル・バーバー
18 rue d'Algérie

MARSEILLE　マルセイユ

BarbClub バーブクラブ
50 rue Sainte
www.barbclub.fr

METZ　メッツ

Be Way ビー・ウェイ
8 rue des Jardins
www.be-way.fr

MONTPELLIER モンペリエ

Cut My Bangs カット・マイ・バングス
11 rue Fournarie
www.cutmybangs.fr

Monsieur Laurent – Coiffeur Barbier
ムッシュー・ロラン・コワフール・バルビエ
30 Rue Foch
https://monsieur-laurent-barbier.
business.site/

MR Coiffure MRコワフュール
37 quai du Verdanson

MULHOUSE ミュルーズ

Chez Georges シェ・ジョルジュ
21 rue Louis Pasteur

NANCY ナンシー

Sonz's Barber Shop
ソンズ・バーバー・ショップ
29 rue Saint-Nicolas

NANTES ナント

Coiff'il コワフィル
2 bis rue de l'Arche Sèche

Le Coiffeur ル・コワフール
1 rue Franklin

Mad Coiffure マッド・コワフュール
9 rue de la Clavurerie
www.mad-coiffure.fr

Salon Le Fauteuil
サロン・ル・フォトゥイユ
1 rue de Verdun

NICE ニース

Absalon アプサロン
8 rue Meyerbeer
www.absalon-barbier.fr

Le Comptoir des barbiers
ル・コントワール・デ・バルビエ
4 rue Cassini
www.comptoir-des-barbiers.fr

NÎMES ニーム

Felix. D フェリックス・D
13 rue Fresque

Gilles ジル
5 rue des Chapeliers

NIORT ニオール

The Best Coiffure
ザ・ベスト・コワフュール
22 rue Porte Saint-Jean

OBERNAI オベルネ

Un Barbier dans la ville
アン・バルビエ・ダン・ラ・ヴィル
1 place des Fines Herbes
www.unbarbierdanslaville.fr

ORLÉANS オルレアン

For'Hom フォロム
18 rue Sainte-Catherine
www.forhom-coiffeur-barbier.com

PAIMPOL パンポル

Le Salon ル・サロン
2 rue de Romsey

PARIS パリ

Alain Maître Barbier
アラン・メートル・バルビエ
8 rue Saint-Claude (75003)
www.alain-maitrebarbiercoiffeur.com

Alex Haircut's "BarberShop"
アレックス・ヘアカッツ"バーバー・ショップ"
21 rue Rodier (75009)

Barber Ink バーバー・インク
64 boulevard Diderot (75012)
https://barber-ink.fr

Gentlemen 1919 ジェントルメン1919
11 rue Jean Mermoz (75008)
www.gentlemen1919.com

La Barbière de Paris
ラ・バルビエール・ド・パリ
7 rue Bertin Poiré (75001)
14 rue Condorcet (75009)
www.labarbieredeparis.com

La Clé du barbier
ラ・クレ・デュ・バルビエ
3 rue Linné (75005)
www.lacledubarbier.eu/fr/

La Garçonnière
ラ・ギャルソニエール
40 rue des Petits Carreaux (75002)
www.la-garconniere.fr

La Shaperie ラ・シャプリー
62 rue de l'Arbre Sec (75001)
la-shaperie.com

L'Atelier Gentlemen
ラトリエ・ジェントルメン
35 rue Lamarck (75018)

Le Barbier de Monge
ル・バルビエ・ド・モンジュ
3 rue Dolomieu (75005)
www.lebarbierdemonge.fr

Le Barbier des Faubourgs
ル・バルビエ・デ・フォーブール
10 rue Letort (75018)

Le Cigare à Moustache
ル・シガール・ア・ムスタッシュ
3 rue de la Fontaine au Roi (75011)
www.lecigareamoustache.com

Les Maîtres Barbiers Perruquiers
レ・メートル・バルビエ・ペリュキエ
7 rue Coëtlogon (75006)
7 rue de la Folie Méricourt (75011)
1 rue Léon Séché (75015)
3 rue des Apennins (75017)
www.les-maitres-barbiers-per-
ruquiers.fr

Les Mauvais Garçons
レ・モヴェー・ギャルソン
34 rue Saint-Louis en l'Île (75004)
3 rue Neuve Popincourt (75011)
60 rue Oberkampf (75011)
www.lesmauvaisgarcons.fr

Les Thermes de Lutèce
レ・テルム・ド・リュテス
70 quai de l'Hôtel-de-Ville (75004)

Planète Rasoir
プラネット・ラズワール
58 rue de Clichy (75009)
www.planeterasoir.com

TAG BarberShop
TAGバーバーショップ
113 rue des Dames (75017)
www.tagbarbershop.fr

The Barber Shop
ザ・バーバー・ショップ
185 Boulevard Voltaire (75011)

PAU ポー

Tommy Barber トミー・バーバー
19 rue Latapie
www.tommy-barber.fr

PONTOISE ポントアーズ
The Old School Barbershop
ジ・オールドスクール・バーバーショップ
8 rue de la Chevalerie

REIMS ランス
La Paix ラ・ペ
3 rue Buirette

RENNES レンヌ
JB's Barber Shop
JBズ・バーバー・ショップ
10-12 rue Vasselot
www.jbs-barber-shop.fr

The Barber Lodge
ザ・バーバー・ロッジ
25 rue Nantaise
www.barberlodge.com

ROUEN ルーアン
Le Garage ル・ガラージュ
69 rue d'Amiens

SAINT-ÉTIENNE
サン=テティエンヌ
Arthur & John Barber Shop
アーサー&ジョン・バーバー・ショップ
14 rue Léon Nautin

Identi-T アイデンティティー
2 place Antonin Moine

SAINT-ESTÈVE
サン=テステーヴ
Guillaume Fort ギヨーム・フォール
28 bis avenue Général de Gaulle
www.guillaumefort.com

SERRIS セリ
For Men
フォー・メン
1 boulevard Michael Faraday
www.formeninstitut.fr

SEYNOD セノ
La Loge ラ・ロージュ
17 place de l'Hôtel de Ville
https://www.loge-coiffure.fr

STRASBOURG
ストラスブール
Le Barbier de Monsieur
ル・バルビエ・ド・ムッシュー
16 bis rue du Sanglier
https://www.lebarbierdemonsieur.com

James le Barbier
ジェームズ・ル・バルビエ
9 rue du Dôme
www.james-barbier.fr

Men's Hair Studio
メンズ・ヘア・スタジオ
7 rue de Berne
www.menshair.fr

TOULON トゥーロン
BarbClub バーブクラブ
10 rue Anatole France
www.barbclub.fr

TOULOUSE
トゥールーズ
Max pour l'homme
マックス・プール・ロム
34 rue du Rempart Saint-Étienne

Tonsor School トンソー・スクール
21 avenue de la Gloire
www.tonsor-school.com

TOURS トゥール
Authentic Men
オーセンティック・メン
6 place de Châteauneuf
1 rue Charles Gille
49 rue de la Scellerie
www.authentic-men.fr

L'Artisan Coiffeur
ラルティザン・コワフール
8 rue Jules Charpentier

VALENCE
ヴァランス
Patrick Haglon
パトリック・アグロン
8 rue de l'Hôtel de ville
www.hagloncoiffeururbarbier.com

BELGIQUE
ベルギー

BRUXELLES
ブリュッセル
Bayer & Bayer バイエル&バイエル
35 rue Joseph Stevens
www.bayerbayer.be

Mayerson Barber Shop
マイヤーソン・バーバー・ショップ
136 chaussée de Vleurgat
www.mayerson.be

JAMBES ジャンブ
Le Barbier ル・バルビエ
69 avenue Jean Materne

LIÈGE リエージュ
Baron バロン
5 rue Sébastien Laruelle
https://barberbaron.com

SAINT-SYMPHORIEN
サン=サンフォリアン
Rudy's Barber shop
ルディーズ・バーバー・ショップ
186 chaussée du Roi Baudouin
www.rudysbarbershop.be

LUXEMBOURG
ルクセンブルク

BERTRANGE
ベルトランジュ
Barbershop バーバーショップ
Centre commercial Belle Étoile,
route d'Arlon
www.barber.lu

SUISSE
スイス

GENÈVE
ジュネーヴ
Wood ウッド
rue Bergalonne 2

最新情報は www.barbechic.fr/barbiers/（フランス語）の理容室一覧を参照。

JAPON
日本

北海道

barber shop apache
バーバーショップ アパッシュ
北海道旭川市春光 6 条 9 丁目 2-16
0166-52-2397
http://www.barberapache.com
※大町店あり

栃木

WOLFMAN BARBER SHOP SANO
ウルフマン バーバーショップ 佐野
栃木県佐野市高萩町 1207-5
0283-24-3039
https://www.wolfmanbarber.com
※東京・神宮前店、六本木店あり

埼玉

Local Barber HIRAKAWA
ローカルバーバーヒラカワ
埼玉県草加市高砂 2-11-20
048-954-8895
https://local-barber.jp

大橋理容室　オオハシリヨウシツ
埼玉県大里郡寄居町寄居 887-6
048-581-2559

千葉

BARBERIAN　バーバリアン
千葉県浦安市当代島 3-3-28
047-314-1135
https://barberian3110.com

Bar Ber Shop KirukaSoruyo
バーバーショップ キルカソルヨ
千葉県千葉市中央区弁天 2-16-17
043-251-7532
http://www.kirukasoruyo.com
※千葉市内支店（WEST、EAST）あり

散髪屋 HillBilly Cat
サンパツヤ ヒルビリーキャット
千葉県富津市篠部 2224-1
0439-88-1950

東京

麻布 I.B.KAN
アザブアイビーカン
東京都港区麻布十番 3-8-6
03-3451-2877
http://www.ibkan.com

BAD-NICE　バッドナイス
東京都世田谷区北沢 2-37-16 林ビル 1F
03-3465-5004
http://bad-nice.net

barbershop KING
バーバーショップ キング
東京都世田谷区下馬 1-39-8
下馬マンション 1F
03-3422-9951
http://www.barbershopking.com

BARBER SHOP Takeda
バーバーショップ タケダ
東京都調布市菊野台 2-31-16
042-483-1145
http://barber1969.com

BARRIQUAND　バリカン
東京都世田谷区太子堂 5-12-2
http://barriquand.jp

EBISU　エビス
東京都江東区大島 2-37-13
03-5626-0366

**FRANK'S BARBER
and BEER CLUB**
フランクスバーバー
アンド ビアークラブ
東京都千代田区有楽町 1-9-1
日比谷サンケイビル B2F
03-6206-3231
https://www.franks-bbc.com

**FREEMANS
SPORTING CLUB–
FUTAKOTAMAGAWA**
フリーマンズ スポーティングクラブ
二子玉川店
東京都世田谷区玉川 3-8-2
玉川高島屋 S・C 南館アネックス 3F
03-6805-7966
http://freemanssportingclub.jp
※銀座店、横浜店、大阪店あり

JUNES man バーバー三軒茶屋
ジュネス マン バーバーサンゲンチャヤ
東京都世田谷区三軒茶屋 2-54-3
プレステージ三軒茶屋ラフィーネ 105
03-6805-2600
https://barber-sangenjaya.shopinfo.jp

**LUDLOW BLUNT
DAIKANYAMA**
ルドローブラント代官山
東京都渋谷区代官山町 14-15
HARAPPA DAIKANYAMA
03-6455-3938
http://ludlow.co.jp
※有楽町店あり

**MR.BROTHERS
CUTCLUB HARAJUKU2nd**
ミスターブラザーズカットクラブ
原宿セカンド
東京都渋谷区神宮前 6-14-2
03-6452-6242
http://mr-brothers-cutclub.com

Of the BARBER
オブ ザ バーバー
東京都中央区銀座 6-3-2 3F
03-6274-6507
http://www.ofthebarber.jp

**rave ACTION
AND HAIR！北千住店**
レイブ アクション
アンド ヘアー キタセンジュテン
東京都足立区千住 3-67-4
03-3881-8099
http://hair-rave.com
※高円寺店あり

タケシズ BARBER
タケシズバーバー
東京都渋谷区神宮前 6-13-6
KAMOSU BLDG 3F
03-5962-7239
https://takeshisbarber.com

THE BARBA TOKYO
ザ・バルバ・トウキョウ
東京都千代田区内神田 3-4-12
トーハン第 7 ビル 1F
03-3525-4857
http://thebarbatokyo.com
※都内複数店舗あり

THE BARBER 渋谷
ザ・バーバー シブヤ
東京都渋谷区円山町 22-15
03-5728-6558
http://www.thebarber.jp
※都内複数店舗あり

WOLFMAN
BARBER SHOP JINGUMAE
ウルフマン バーバーショップ 神宮前
東京都渋谷区神宮前 3-27-23 U ビル
03-6447-4285
※六本木店、栃木・佐野本店あり

神奈川

Barber Nagayama
バーバー・ナガヤマ
神奈川県秦野市清水町 1-24
0463-81-0925
http://bb-naga.net

Barbershop Marky's
バーバーショップ・マーキーズ
神奈川県平塚市徳延 353-1
0463-68-2496
http://www.markys-canteen-visage.com

BARBER SHOP・S
バーバーショップ・エス
神奈川県横浜市栄区笠間 5-27-22-102
045-891-3880
http://barbershop-s.com

BARNEYS BARBER'S SHOP
by KAMISORI CLUB 148
バーニーズ バーバーショップ
バイ カミソリ倶楽部 148
神奈川県横浜市中区山下町 36-1
045-681-8890
https://www.kamisoriclub.co.jp/barber-shop-info
※カミソリ倶楽部 ANNEX（ショールーム）あり

B-collector ビーコレクター
神奈川県横浜市神奈川区平川町 6-12
045-413-1905
https://www.b-collector2002.com

Ishiwata's Cut Service
イシワタカットサービス
神奈川県相模原市緑区与瀬 1120
042-684-2215

MID-CENTURY Barber shop
ミッドセンチュリー バーバーショップ
神奈川県川崎市川崎区観音 2-3-17
044-287-1593

STANDARD スタンダード
神奈川県横浜市港北区綱島西 2-14-1
ニックハイム綱島第一 111 号
045-642-4569
http://standard-sk.com

愛知

THE BARBER GOLD SCISSORS
ザ・バーバー・ゴールドシザーズ
愛知県名古屋市中区栄 3-13-31
プリンセスガーデンホテル 1F
052-269-0056
https://goldscissors.jp

京都

BARBER HIGUCHI
Grooming & Spa
バーバーヒグチ グルーミングアンドスパ
京都府京都市中京区伊勢屋町 357
075-203-1577
https://barberhiguchi.com

The Premium BarBer Dampfer
ザ プレミアム バーバー ダンファー
京都府京都市伏見区石田大山町 56-7
075 572 0508
http://dampfer.jp

大阪

Bar Ber Shop REGALO
バーバーショップ レガロ
大阪府大阪市福島区福島 2-9-1
カーサウエダ 1F
06-6147-9889
https://www.osaka-regalo.com

DEAR BARBER 上本町本店
ディア バーバー ウエホンマチホンテン
大阪府大阪市天王寺区生玉前町 1-28 2F
06-6777-8467
https://dear-barber.com
※北浜店あり

JOLLY'S BARBERSHOP
ジョリーズバーバーショップ
大阪府茨木市園田町 10-11
072-657-7470
https://jollys-barber.wixsite.com/shop

THIRD PLACE サードプレイス
大阪府豊中市上野坂 2-21-1 ソシア D II 1F
06-6842-1139
http://www.thirdplace-osaka.com

QUON HEAL hair&spa
堺筋本町店
クオンヒール ヘアアンドスパ
サカイスジホンマチテン
大阪府大阪市中央区瓦町 1-5-10
UR 船場瓦町 1F
06-6206-1881
https://menshair.quonheal.com
※谷町店、淀屋橋店あり

兵庫

MERICAN BARBERSHOP
メリケンバーバーショップ
兵庫県神戸市中央区明石町 18 3F
078-325-5774
※福岡店あり

奈良

BARBERSHOP DALIE
バーバーショップ ダリー
奈良県奈良市芝辻町 3 丁目 9-15
ヴィラ新大宮 A 号室
0742-36-7181
http://dalie.jp

福岡

MERICAN BARBERSHOP FUK
メリケンバーバーショップ 福岡
福岡県福岡市中央区警固 2 丁目 13-7
ランドマークタワー 1 B1F
092-771-5870
※神戸店あり

※日本のバーバーリストは、日本版出版に際し、編集部にて選定し追掲載したものです。掲載されている情報は 2020 年 6 月時点のものです。店舗の情報等は変更になる場合がありますので、ご了承ください。

AVERTISSEMENT
注意 ━━━━━━━━━━━━━

本書に掲載されているテクニックは、ヒゲのカット、
手入れ、シェービングのためのものだ。

紹介した道具、とくにシェービングのための道具は、
よく注意して扱い、子どもの手の届かないところに置
くこと。

著者、編集者、その他の制作関係者は、不適切な使
用によって引き起こされた損害について責任を負う
ことはできない。

本書で紹介した技術をもっと詳しく学びたければ、
遠慮なく専門家に相談しよう。

REMERCIEMENTS
謝辞

私の冒険を支えてくれ、このプロジェクトを実現させてくれた多くの人に感謝することなしに、本書を終わらせることはできない。

思慮深いアドバイスをくれただけでなく、フランスで理容師の養成課程を再度立ち上げてくれた、アンソニー・ガリフォ。

すばらしい天然のヒゲケア用品シリーズを展開する〈Barbe N Blues〉の創設者、スワン・バラン。

情熱を共有してくれたアブダー・ブラック・ビアード、ダミアン・ブルニック、ルディー・ダース、理容室〈アレックス・ヘアカッツ "バーバー・ショップ"〉、ファティ（またの名をオットーマン）、セバスティアン・ポーコ、クララ、グレッグ。

「西洋カミソリの日」の主催者で、おそらく誰よりも情熱的だった〈プラネット・ラズワール〉のフレデリック。

私の祖父の西洋カミソリに生命を吹き込み直してくれた、ジル・ド・ティエール＝イサール。

もともとは男性的なテーマであるにもかかわらず、しっかりと適応してくれたエロール社のオードとジェンヌ。

何度も読み直してコメントしてくれた身近な人たちにも感謝したい。アメリ、フレッド、マリー＝オード、ステファン、クリストフ、セバスティアン、ナデージュ、シャルロット、レミー、ギョーム。

私の挑戦をずっと支えてくれた両親。

朝から晩まで、ヒゲについて話に付き合ってくれ、本を書いているあいだも支えてくれた妻。

そして、オリヴィエとマチューにウインクを。

最後に、ウェブサイト「BarbeChic」の読者の皆さんに心から感謝を。皆さんなしではこのプロジェクトは日の目を見なかった。

著者：

ジャン・アルティニャン

ヒゲにまつわるあらゆる情報を掲載した人気サイト「BarbeChic（バルブ・シック）」創設者。ヒゲの手入れ方法やケア用品の比較・参考画像、フランスの理容室一覧、ヒゲ用品専門の販売など、様々な情報を発信している。

www.barbechic.fr

翻訳：

河合隼雄　かわい・はやお

東京大学大学院総合文化研究科修士課程修了。メーカー勤務を経て、現在フリーランスの翻訳者。

【翻訳版 主な参考 WEB サイト】
www.braun.jp / gillette.jp / www.schick.jp / www.kai-group.com /
www.feather.co.jp / forride.jp / www.kamisoriclub.co.jp

**パリジャンが教える
ヒゲの教科書**

2020 年 8 月 13 日　初版第 1 刷発行

著者：ジャン・アルティニャン
翻訳：河合隼雄
翻訳協力：株式会社リベル
デザイン：根本真路
校正：株式会社 鷗来堂
制作協力：村井清美（株式会社風日舎）
日本語版編集：長谷川卓美

発行人：三芳寛要
発行元：株式会社パイ インターナショナル
　　　　〒 170-0005 東京都豊島区南大塚 2-32-4
　　　　TEL 03-3944-3981 / FAX 03-5395-4830
　　　　sale@pie.co.jp
印刷・製本：シナノ印刷株式会社

©2020 PIE International / Shutterstock
ISBN978-4-7562-5398-9 C0077
Printed in Japan

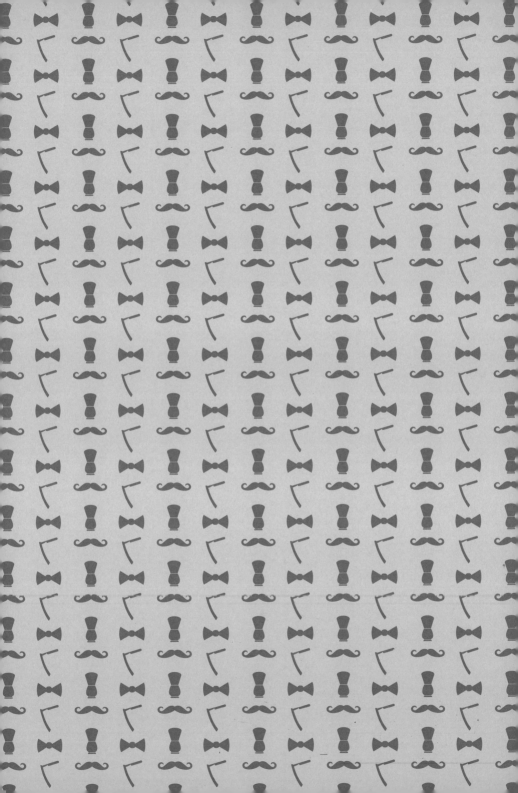